매일 아침 1시간이 나를 바꾼다

「朝1時間」ですべてが変わる モーニングルーティン

池田千恵 著

株式会社 日本実業出版社 刊

2020

ASA ICHIJIKAN DE SUBETE GA KAWARU MORNING ROUTINE

by Chie Ikeda

Original Japanese edition published by Nippon Jitsugyo Publishing Co., Ltd., Tokyo.

단순하지만 가장 강력한 아침 습관

매일 아침 1시간이
나를 바꾼다

이케다 지에 지음 · 안혜은 옮김

1

HOUR

비즈니스북스

매일 아침 1시간이 나를 바꾼다

1판 1쇄 인쇄   2021년 1월 19일
1판 1쇄 발행   2021년 1월 26일

지은이 | 이케다 지에
옮긴이 | 안혜은
발행인 | 홍영태
발행처 | (주)비즈니스북스
등 록 | 제2000-000225호(2000년 2월 28일)
주 소 | 03991 서울시 마포구 월드컵북로6길 3 이노베이스빌딩 7층
전 화 | (02)338-9449
팩 스 | (02)338-6543
대표메일 | bb@businessbooks.co.kr
홈페이지 | http://www.businessbooks.co.kr
블로그 | http://blog.naver.com/biz_books
페이스북 | thebizbooks
ISBN 979-11-6254-192-0   03190

아침에 정한 우선순위가
인생을 좌우한다.

중요한 것은 '몇 시 몇 분'에 일어나느냐가 아니다

나는 다음과 같은 고민을 해결하고자 이 책을 집필했다.

시간 부족에 대한 고민

- 일찍 일어나지 못하거나 일어나는 시각이 불규칙하다.
- 일찍 일어나도 하고 싶은 일을 체계적으로 진행하지 못한다.
- 하고 싶은 일이 있지만 너무 바빠서 거기에 시간을 쓸수 없다.

- 야근을 줄이고 근무 시간 내에 일을 끝내고 싶다.
- 늘 일과 시간에 쫓기는 기분이다.

진로와 미래에 대한 고민

- 주어진 일을 열심히 했지만 전문성이 없고 보람되지 않아서 앞으로 어떻게 해야 할지 고민이다.
- 관심사가 다양해서 경력과 상관없는 일을 할 때가 많다.
- 연차가 쌓일수록 업무가 늘어 일을 위해 사는 기분이다. 현재의 상황을 어떻게든 바꾸고 싶다.

나는 기업을 대상으로 근로 방식 개혁 및 업무 개선 방안을 컨설팅하고 이와 관련한 연수와 강연회를 진행하고 있다. 또한 승진, 이직, 부업, 창업, 정년 이후의 삶 등 개인의 진로 문제를 상담하는 커뮤니티 '아침 진로'를 운영 중이다. 그곳에서 일찍 일어나기를 통해 인생의 변화를 꾀하는 사람들의 고민을 상담하며 진로 방향을 함께 모색한다.

나는 26년간 일찍 일어나기를 실천하고 있으며 11년째 '모닝 루틴'을 연구 중이다. 그 과정에서 접한 수많은 고민 중에 '시간이 부족하다', '진로, 미래가 안 보인다'라는 고민은 아침 1시간을 활용하여 충분히 해결할 수 있는 문제이기에 매우 안타까웠다. 많은 사람들이 '일찍 일어나기'를 어려워하며 좀처럼 아침 1시간을 내지 못한다. 그래서 이 책을 통해 ① **일찍 일어나는 방법**과 ② **그 시간에 해야 할 일**을 구체적으로 알려 주고자 한다.

그런데 나는 어쩌다 '일찍 일어나기' 전도사가 되었을까. 돌이켜 보면 나의 이직은 항상 일찍 일어나기와 함께였다. 과거의 나는 콤플렉스로 똘똘 뭉쳐 주변 환경을 탓하기 일쑤였고 남에게 무시당한다는 피해 의식에 사로잡혀 늘 화가 나 있었다. 그런 나를 변화시킨 것이 일찍 일어나기였다.

원래는 야행성이었으나 스무 살이 되던 해 대학 입시에 2년 연속 낙방하면서 일찍 일어나기에 도전했다. 계속 똑같이 해서는 미래가 없다고 느꼈기 때문이다. 하루 종일 책상 앞에 앉아 있는 대신 머리가 맑은 아침에 공부했더니 집중력이 향상되었고 기분도 상쾌했다. 그때부터 성적이 점점 올랐고 마침내 게이오기주쿠대학 종합정책학부에 합격했다. 이것이 일찍 일어나기를 통해 이룬 최초의 성공 경험이었다.

그토록 원하던 대학에 들어갔으니 이제 행복한 미래만 남았다고 생각했는데 완벽한 착각이었다. 턱걸이로 합격한 터라 아무리 열심히 공부해도 학점이 낮았고 대학 생활 내내 성적은 어중간한 수준을 유지했다. 이렇다 할 취미 하나 없는 나와 달리, 머리 좋은 동기들은 공부도 잘하고 놀기도 잘하며 하루하루 알차게 보내는 것 같았다. 나는 왜 그들처럼 못 할까…. 답답한 마음에 시간만 축내다 결국 예전처럼 무위도식하는 나날로 돌아가고 말았다. 어느새 졸업반이 되었지만 그런 상황에서 취업 준비가 잘될 리 만무했다. 무려 30개 회사에서 불합격 통보를 받은 후 유일하게 받아 준 외식 벤처기업에 취직했다. 하지만 그곳에서도 눈에 띄는 실적 없이 연차만 쌓여 20대에 명예퇴직 1순위가 되고 말았다.

그제야 대학 입시 성공 경험이 떠오른 나는 마음을 다잡고 다시 한번 일찍 일어나기에 도전했다. 그때부터 조금씩 능력을 인정받아 외국계 전략 컨설팅 회사에 계약직 사원으로 이직할 수 있었다. 이후에도 일찍 일어나기를 유지하며 업무 능력을 키웠고 마침내 계약직에서 정규직으로 전환되었다. 그뿐만 아니라 취미와 관련된 자격증도 땄으며 주말에는 회사의 허락하에 사이드잡을 하기도 했다.

이러한 경험을 담아 2009년 《새벽형 인간》을 출간했다. 이 책은 무크지와 문고판까지 총 12만 부가 팔렸고 덕분에 나는 '모닝 루틴의 1인자'라는 별명을 얻게 되었다. 또한 2011년 처음 제작한 '모닝 루틴 수첩'朝活手帳은 10년째 큰 사랑을 받고 있다.

책과 수첩이 입소문을 타 많은 사람들이 '모닝 루틴'을 실천하게 되었다. 저자로서 굉장히 고마운 일이지만 사실 '새벽 4시 기상'이 말처럼 쉽지는 않다. 일찍 일어나기를 실천할 때 중요한 것은 몇 시에 일어나느냐가 아니다. 필요한 수면 시간까지 줄여 가며 새벽 4시 기상을 실천하는 것은 바람직하지 않다. 일찍 일어나기의 목적은 집중력이 뛰어난 아침에 나에게 가장 중요한 일을 하는 것이므로 시간에 얽매일 필요가 없다.

그렇다면 집중력이 뛰어난 아침에 해야 할 중요한 일이란 무엇일까. 바로 '아침 1시간 모닝 루틴'이다. 1시간을 반으로 나눠 전반 30분은 하루의 할 일을 분류하고 후반 30분은 미래의 꿈을 위한 활동을 하는 것이다.

《새벽형 인간》을 출간한 후 11년 이상 모닝 루틴에 대해 알리고 사람들을 상담하며 깨달은 것은 '우선순위 정하기'의 중요성이다. 그리고 이 책은 바로 그 방법을 소개하는 '모닝 루틴의 결정판'이라 할 수 있다. 이 책에서 소개할 할 일 목록 관리를 모닝 루틴으로 실천하면 첫머리에 언급한 두 가지 고민은 쉽게 해결할 수 있다.

이 책은 총 3장과 부록으로 구성되어 있다. 제1장에서는 일찍 일어나고 싶어도 못 일어나는 이유와 그 해결 방법을 설명한다. 제2장에서는 모닝 루틴 전반 30분에 해당하는 하루의 할 일을 분류하는 구체적인 순서에 대해 설명한다. 제3장에서는 모닝 루틴 후반 30분에 해당하는 '씨앗 심기', 즉 이상적인 미래를 위한 준비 활동의 구체적인 순서를 설명한다. 그리고 부록으로 아침 1시간을 마련하는 데 도움이 되는 '아침 활동 START UP 매뉴얼'을 소개한다. 일찍 일어나기 힘들 때 참고하면 하루를 1시간 앞당길 수 있을 것이다.

모닝 루틴이란?

모닝 루틴은 매일 아침 반복하는 행동 습관을 말한다. '루틴은 몸에 밴 습관인데 쉽게 바뀔까?'라는 의구심이 들겠지만 이 책은 자신이 원하는 미래를 직시하며 전략적으로 모닝 루틴을 바꾸어 가도록 안내한다.

'낙숫물이 댓돌을 뚫는다'라는 속담처럼 일상의 작은 행동이 매일 쌓이고 쌓여 목표한 바를 이룬다. 따라서 지금까지와 다른 결과를 얻고 싶다면 작은 행동 하나까지 자신의 이상에 맞춰 고쳐 나가야 한다.

인생에서 가장 중요한 일은 꿈을 실현하는 것이다. 일찍 일어나기의 가장 큰 장점은 꿈을 실현하는 데 필요한 '씨앗 심기' 시간을 확보할 수 있다는 점이다.

습관이 바뀌면 인생은 바뀌게 되어 있다. 나 역시 인생의 고비마다 미래의 꿈을 위한 모닝 루틴을 실천하여 원하는 인생을 손에 넣었다.

- 수험생 시절의 꿈은 단연코 대학 합격이었다. 어느 날 문득 이렇게 해서는 꿈을 이룰 수 없다는 생각이 들었다. 밤늦게까지 인기 강사의 수업을 닥치는 대로 들으며 양으로 승부하는 공부에서 벗어나 필요한 내용을 엄선하여 단시간에 집중하는 공부를 모닝 루틴으로 만든 결과 마침내 시험에 합격했다.

- 대졸 신입으로 입사한 외식 업체에서는 회의에 참여하고 싶어도 할 수 없었고, 팀의 전력이 가장 필요한 날 대기 발령 통보를 받고 전력에서 제외되기도 했다. 억울하고 아쉬웠지만 한편으로는 내가 정말 무능력하다는 생각이 들었다. 자연히 나의 꿈은 '회사에서 인정받고 출세하는 것'이 되었다. 그래서 모닝 루틴으로 업무 재검토,

행동 계획 수립, 일 잘하는 직원의 업무 방식 분석, 업무 능력 향상을 위한 독서를 했다. 그러자 조금씩 회사에서 능력을 인정받기 시작했다.

- 이직한 외국계 전략 컨설팅 회사에서는 시급제 계약직 사원으로 시작했다. 당시 꿈은 '정사원이 되는 것'이었다. 배치된 부서는 자료 작성 전담 부서였으며 담당 업무는 제한된 시간에 컨설턴트와 원활하게 소통하여 필요한 협상 자료를 준비하는 것이었다. 그래서 모닝 루틴으로 소통 타이밍과 협상술, 자료 만드는 방법을 점검하고 개선했다. 그 결과 1년 만에 정규직 사원이 될 수 있었다.

- 생활이 안정되었을 무렵, 취미로 하던 요리를 전문적으로 배워 보고 싶어서 모닝 루틴으로 자격증 시험 공부를 했고 다양한 자격증을 취득하게 되었다. 또한 주말에는 제빵 학원 강사로 일하며 일과 취미를 병행했다.

- 독립 후에는 일찍 일어나기를 널리 알리고 싶어서 모닝 루틴으로 글쓰기나 온라인 강연 활동을 했다. 그 결과 2011년 '모닝 루틴 수첩'이라는 모닝 플래너를 제작하게 되었고 '아침 1시간' 업무 개혁 컨설팅을 하여 모닝 루틴

커뮤니티 '아침 진로'를 운영하게 되었다.

인생에 고비가 닥칠 때마다 자신이 원하는 바를 이루기 위한 우선순위를 정해 순위가 높은 일을 모닝 루틴으로 실천하면 무슨 일이든 이룰 수 있다. 일어나자마자 자신이 정한 과제를 완수하고 나와의 약속을 지킴으로써 중요한 일에 시간을 사용했다는 뿌듯함과 자기긍정감을 느낄 수 있다.

최근 원격 근무와 탄력 근무가 빠르게 확산되고 있는 추세다. 그동안은 '회사에 나가서 몇 시까지 ○○을 한다', '규칙은 이유를 막론하고 반드시 따른다'라는 강제력 덕분에 어떻게든 목표를 이룬 것도 사실이다. 그러나 출근이라는 강제력이 사라지면 스스로 생각하고 미래를 직시하며 자신의 꿈에 맞춰 움직이는 체계적인 시스템을 마련해야 한다.

요즘처럼 불안한 시대에는 매일 모닝 루틴을 실천하며 자신의 꿈을 위해 준비해야 변화할 수 있다. 바로 지금, 내가 원하는 미래에 한 걸음 다가서는 모닝 루틴을 실천하자.

'아침 1시간'으로 미래의 꿈을 바로 지금 실현한다

며칠 전 진로 상담을 위해 방문한 30대 여성이 이런 이야기를 했다.

"노후에 작은 편집매장을 차리는 게 꿈이에요."

충격이었다. 지금의 꿈을 말하기가 쑥스러운 것인지, 겸손함에서 비롯된 말인지는 모르겠지만 '노후'를 걱정하기에는 너무 이른 나이였다. 내가 '노후의 꿈'이라는 표현에 거부감을 느낀 것은 그 안에서 여러 생각이 읽혔기 때문이다.

· 노후가 오기 전에는 꿈을 이룰 수 없다는 체념
· 당장 이루고 싶은 꿈이지만 차일피일 미루는 태도
· 나이를 먹으면 어떻게든 될 것이라는 안이한 사고
· 지금의 나는 아무것도 못 할 거라는 자기부정

조금 더 완벽한 상황에서 시작하고 싶겠지만 그런 날은 평생 오지 않는다. 지금은 안 된다고 예단하고 완벽한 상황을 기다리며 소중한 하루하루를 낭비하는 태도는 이 기회에 과감히 버리자.

앞에서 말했듯이 나도 예전에는 쉽게 체념하는 사람이었기 때문에 그 기분을 모르는 바는 아니다. 하지만 많은 사람들이 자기 안에 있는 보물을 소홀히 한다. 나에게 없는 것을 찾아 귀한 시간을 낭비하는 것은 너무 안타까운 일이다.

뜻대로 안 된다고 자신을 탓해 봐야 아무것도 해결되지 않는다. 미래의 꿈을 위해 할 수 있는 일이 반드시 있을 것이다. 아침 1시간을 통해 한 걸음만 더 내디디면 된다.

어려움에 처한 나에게 큰 힘이 되었던 말이 있다. 미국의 사업가 벤 호로위츠의 저서 《하드씽》에 나오는 말이다.

"자신의 독특한 성격을 사랑하라. 성장을 사랑하라. 직관을 사랑하라. 성공의 열쇠는 바로 거기에 있다."

결국 인간은 자기에게 '있는 것'을 찾아 그것을 무기로 싸울 수밖에 없다. 지금 내 안에서 잘할 수 있는 부분을 찾아 보자.

미래는 과거의 연장선이 아니다. 내가 모닝 루틴을 통해 꿈을 실현했듯이 과거가 아무리 절망적이었다 해도 얼마든지 대역전을 일으킬 수 있다. 당장은 상상이 안 되겠지만 멋진 미래를 손에 넣을 수 있다. 하지만 '그냥저냥 버티다가 나이가 들면 ○○을 하고 싶다'라고 생각하는 한 당신이 꿈꾸는 미래는 오지 않는다.

꿈을 실현하는 데 필요한 무기, 즉 모닝 루틴에 필요한 시간은 고작 아침 1시간이다. 이 시간을 통해 '지금 해야 할 일'에 집중하고 우선순위에 따라 하나씩 완수하면 어느새 불안감은 사라지고 성취감을 느끼며 꾸준히 전진할 수 있다.

아침 1시간 계획을 완수하지 못한 날이 있다고 해서 걱정할 필요 없다. 365일 중 하루일 뿐이다. 매일 작은 도전과 개선을 반복한다는 생각으로 우선순위에 따라 일을 처리하고 계획은 적절하게 짰는지, 얼마나 달성했는지 돌아보는 습관을 갖자. 아침 1시간을 통해 차근차근 미래를 준비할 때 당신의 인생은 극적인 변화를 맞이하게 될 것이다.

차례

제1장

새벽 기상보다 강력한
아침 1시간의 힘

제2장
전반 30분, 하루의
우선순위를 분류하는 시간

제3장

후반 30분, 내가 꿈꾸는
미래를 준비하는 시간

부록

아무리 바빠도
아침 1시간을 만들어 내는 법

제1장

새벽 기상보다
강력한
아침 1시간의 힘

당신이 매일같이
시간에 쫓기는 이유

10년 이상 일찍 일어나기에 대해 알리면서 깨달은 것이 있다. 일찍 일어나지 못하는 사람, 일찍 일어나기를 지속하지 못하는 사람, 매일 일찍 일어나지만 딱히 성과가 없는 사람에게는 다음과 같은 공통점이 있다는 사실이다.

우선순위 정하는 방법을 모른다

- 너무 많은 할 일을 계획에 집어넣어 완수하지 못한다.
- 지금 자신에게 수면과 휴식이 필요하다는 것을 모른다.

- 사회적 의의가 있다고 생각하는 프로젝트를 추진 중이지만 인정받지 못한다.

잘못된 방법으로 우선순위를 정한다

- 상사에게 "그 일 어떻게 됐어?" 하고 재촉당할 때가 많다. 꼼꼼히 일하려고 하는데 상사는 일 처리가 늦는다고 타박할 뿐 알아주지 않는다.
- 3일간 3킬로그램을 빼는 무모한 다이어트와 폭음·폭식을 반복하다 결국 다이어트에 실패한다.
- 배우자와 결혼과 출산에 대한 생각이 같고 가임기도 아슬아슬하지만 지금은 일에 집중해야 할 때라 깊이 생각하지 않는다.
- 해외에서 통하는 인재가 되고 싶어서 영어 공부를 시작했지만 정작 본업의 직무 능력이 부족해 기회를 얻지 못하고 있다.

도중에 목적을 잃는다

- 6개월 주기로 롤 모델이 바뀐다. 몇 년째 롤 모델만 찾는 중이다.

- '100세 시대'에 맞춰 정년 이후의 인생을 준비하기 위해 평생교육원에 들어갔으나 배운 것을 행동으로 옮기지 않는다.
- 사이드잡이 추세여서 부업을 시작했지만 본업과 시너지 효과를 일으키지 못하고 일만 배로 늘어났다. 이른바 '셀프 노동 착취' 상태다.

당신은 어떤가? 만약 이 중에 하나라도 해당한다면 당신은 '진로의 미로'에 빠진 상태일 수 있다. 내 경험상 진로의 미로에 빠지면 인생의 방향성이 흔들리기 때문에 자신이 해야 할 일이나 하고 싶은 일을 하는 대신 급한 순서대로, 머리에 떠오른 대로, 남이 시키는 대로, 남의 기대에 부응하기 위해 일하게 된다. 그 결과 우선순위가 흔들리고 행동해야 할 타이밍을 놓치며 불필요한 일에 시간을 낭비한다.

'진로의 미로'에서 탈출하는 가장 효과적인 방법은 눈뜨자마자 나에게 가장 중요한 일을 목록화하고 우선순위를 정하는 것이다. 일찍 일어나면 다음과 같은 이점이 있어 우선순위를 정하는 데 도움이 된다.

- 현재의 생활 습관을 돌아볼 수 있다.
- 맑은 머리로 중요한 일에 집중할 수 있다.
- 수면 시간이 확보된다.

집중해야 하는 일에 효율적으로 에너지를 쏟으면 넉넉한 수면 시간을 확보할 수 있다. 늘 시간이 부족하고 바쁘다는 고민은 일찍 일어나는 습관 하나로 해결할 수 있다.

정보의 늪에서 빠져나와라

왜 수단과 목적을 혼동하며 우선순위 정하는 데 애를 먹는 사람이 많을까. 나는 그 요인의 하나로 '정보 과잉'을 꼽는다.

IDC International Data Corporation의 〈디지털 유니버스 10년, 당신은 준비되었는가?〉A Digital Universe Dacade. Are You Ready?라는 보고서에 따르면 인간이 2000년부터 2020년까지 접한 정보량은 20년 만에 무려 6,450배로 늘었다고 한다.

정보를 과다하게 접하면 너무 많은 선택지에 혼란을 겪게 된다. 예를 들어 다이어트만 해도 여러 가지 설이 있다. 탄수화물은 절대 금해야 한다는 주장이 있는가 하면 탄수화물은 동양인

고유의 식사 균형에 필요하기 때문에 반드시 섭취해야 한다는 주장도 있다. 다양한 견해가 있어서 무엇을 참고해야 할지 판단하지 못하고 헤매는 사람들이 늘고 있다.

시간 주도권을 남에게 넘겨주지 마라

우선순위를 정하는 데 서툰 사람은 업무상의 통화에서도 그 특징이 나타난다. 예를 들어 받을 필요가 없는 전화지만 무시하지 못하고, 바로 답장하지 않아도 되는 메일이지만 답신을 해야 마음이 놓이는 것이다.

모든 메일과 전화를 무시하라는 말이 아니다. 당연히 즉시 대응해야 하는 경우도 있다. 그러나 그때그때 주어지는 대로 일을 진행하다 보면 당연히 시간이 부족해진다. 어떤 의뢰가 있을 때 습관적으로 "네, 바로 해 드릴게요!" 하고 반응하는 사람이 이러한 문제를 겪는다. 남의 부탁을 기뻐하고 상대를 기꺼이 도우려는 마음씨 자체는 훌륭하지만 다른 사람의 부탁을 우선시하다 자기가 하고 싶은 일, 해야 할 일에 투자할 시간이 자꾸 줄어들면 문제 아닐까?

시간은 생명만큼 소중하다. 타인에게 시간을 할애하고 남은 시간을 자신에게 쓰는 삶의 방식은 내 수명을 깎아 먹는 것과 같다. 내 삶의 주도권을 타인에게 뺏기지 않고 내 의지로 인생을 선택하는 노력이 필요하다. 이때 가장 효과적인 방법이 바로 일찍 일어나기다.

일찍 일어나지 못해도 '업무 전 1시간'은 만들 수 있다

다음과 같은 고민도 쉽게 해결할 수 있다.

- 잠이 많아서 8시간을 못 채우면 머리가 안 돌아간다. 저녁 10시에 자도 일어나는 시간은 6시다.
- 일찍 일어나지만 자녀의 등교 준비로 시간이 부족해 내 시간을 내지 못한다.
- 야근이 있는 직업이라 일어나는 시간이 일정하지 않다.

일어나는 시간은 별로 중요하지 않으며 '업부 시삭 1시산 전' 집중할 수 있는 시간을 만들면 된다. 밤 근무라 오후 4시부터 일을 시작한다면 3시부터 4시까지 이 책에서 설명하는 루틴을 실천해 보자.

나도 현재 다섯 살배기 아들을 키우면서 이런 방법을 실천하고 있다. 아들은 어릴 때부터 오전 4~5시, 늦어도 6시에는 일어나는 버릇이 있어서 아침 시간은 거의 육아에 할애한다. 아이가 어린이집에 가면 8시부터 9시까지 모닝 루틴을 실행한다. 이런 식으로 해도 전혀 문제없다.

출근하는 데 1시간이 걸리고 아침 자유 시간이 그때뿐이라면 그 시간을 활용하자. 만원 전철 안에서도 메일이나 메모 앱으로 얼마든지 모닝 루틴을 실천할 수 있다. 자기 차를 운전해서 이동할 경우에는 이 책의 내용을 참고하여 음성 메모로 할 일을 분류해 보자.

시간은 저축과 비슷해서 남는 것을 모으려 하면 상당한 의지가 필요하다. '시간 나면 해야지'라는 마음가짐으로는 결국 바쁜 일상에 쫓겨 실천하기 어렵다.

통장에 쌓인 돈이 늘어나면 심리적으로 안정되듯이 아침 1시간을 꾸준히 저축하면 마음에 여유가 생긴다. 막연한 불안감에 선뜻 용기를 낼 수 없었던 일에도 도전해 볼 수 있다.

정신없이 흘러가는 하루하루 속에서 조용히 자신과 마주하는 시간을 갖자. 불안에 떨며 아무것도 못 하고 망설이는 자신에게서 조금씩 해방될 것이다.

아침 1시간으로
하루의 우선순위를 바로 세운다

흔히 '우선순위를 정한다'라고 말하는데 사실 이것만큼 애매한 표현도 없다. 우선순위는 상황에 따라 수시로 변하기 때문이다. 급한 일이 먼저일 때도 있고, 급하지는 않지만 미루면 문제가 커지는 일이 먼저일 때도 있다.

하루하루 정신없이 살다 보면 급한 일부터 저리하게 된다. 시간을 효율적으로 사용하려면 중요도가 높은 사항(급하지는 않지만 미루면 문제가 되는 일)을 즉시 해결할 수 있는 상태로 준비하고 있어야 한다.

사람들은 '직감'이 중요하다고 말한다. 하지만 우선순위를 정할 때만큼은 예외다. 인간은 습관대로 하는 버릇이 있기 때문이다. 앞에서 언급했듯이 타인의 부탁에 "네, 바로 해드릴게요." 하고 반응하는 사람은 자신의 스케줄을 망쳐 가면서 타인의 부탁을 먼저 해결하려 한다. 반면 발등에 불이 떨어져야 움직이는 사람은 기한이 촉박한 일을 먼저 한다.

생각해 보자. 당신이 모닝 루틴을 통해 이루려는 일은 과거의 연장선상에 있는 것일까? 아니다. 지금보다 한 단계 도약하기 위해서다. 당신의 직감은 정말 당신을 더 나은 쪽으로 이끌어 줄까? 아니다. 다른 길을 가려면 다른 흐름을 만들어야 한다. 그 흐름을 만드는 방법이 중요도와 긴급도에 따라 하루의 업무를 분류하는 모닝 루틴이다.

아침 1시간으로
집중력과 성취감을 높인다

왜 아침 1시간인가? 그 이유는 다음과 같다.

- 생활 습관을 조금만 바꾸면 되기 때문에 실천하기 쉽다.
- 생각한 것을 즉시 행동으로 옮길 수 있다.
- 뇌에 과부하가 걸리지 않은 때라 작업 속도가 빠르다.
- 종료 시간이 정해져 있어 서두르게 된다.
- 작은 성취감이 생활에 활력을 불어넣는다.
- 방해 요소가 없어서 집중력이 높다.

생활 습관을 조금만 바꾸면 되기 때문에 실천하기 쉽다

새벽 4시에 일어나기는 힘들어도 평소보다 1시간 일찍 일어나기는 쉽다. 습관을 조금만 바꾸면 되기 때문이다. 1시간 일찍 일어나는 요령은 책 마지막에 수록한 부록을 참고하기 바란다.

생각한 것을 즉시 행동으로 옮길 수 있다

밤에 책을 읽다가 '오, 괜찮은데? 한번 해 봐야지'라고 생각한 것도 아침이 되면 까맣게 잊어버리지 않는가? 전철을 타고 가다 인터넷에서 눈여겨본 좋은 아이디어도 행선지에 도착하는 순간 머릿속에서 지워지지 않는가?

업무 시간이 되자마자 즉시 착수할 수 있도록 오전 중에 하루 업무를 분류해 두면 그런 일을 방지할 수 있다. 시간을 정해 놓고 집중하면 의식이 분산되지 않아서 생각한 것을 바로 실천할 수 있다. '쇠뿔도 단김에 빼라'는 말도 있지 않은가. 모처럼 얻은 지식을 즉시 활용하여 다양한 기술을 개발할 수 있다.

뇌에 과부하가 걸리지 않은 때라 작업 속도가 빠르다

"인간은 수면을 통해 기억과 감정, 경험을 일단 정리한다."

다수의 수면 관련 도서를 펴낸 정신과 의사이자 와세다대학 스포츠과학학술원 부교수인 니시다 마사키는 이렇게 말했다. 아침은 불필요한 경험이 전혀 없고 뇌에 과부하가 걸리지 않은 상태라는 것이다. 기상 후 시간이 지날수록 뇌에 많은 정보가 쌓인다. 주의력은 한계가 있어서 밤이 되면 누구나 산만해진다. 이것이 이른바 뇌에 과부하가 걸린 상태다. 이때 지나치게 생각이 많으면 답이 없는 문제를 자꾸 파고들다 거기에 매몰된다. 그래서 근심이 많아지고 감정에 기복이 생기는 것이다.

반면 아침에는 감정과 사실의 필터를 거쳐 사안을 냉정하게 바라보기 때문에 구체적이고 효율적인 행동 계획을 세울 수 있다.

종료 시간이 정해져 있어 서두르게 된다

'아침 1시간'이라는 정해진 시간에 집중함으로써 우선순위를 고민하는 시간이 줄어든다. 밤에는 시간이 많다는 착각에 일을 못 끝내기 쉽다. 아침 1시간으로 시간을 제한해 두면 자연히 일을 체계적으로 해야겠다는 의식이 생긴다.

작은 성취감이 생활에 활력을 불어넣는다

중요하지만 좀처럼 실천하기 어려운 것이 '씨앗 심기'다. '씨앗 심기'란 긴급도는 낮지만 중요도가 높은 일을 하는 것이다.

예를 들어 시도 때도 없는 출장 때문에 결혼 후 부서 이동을 고려하고 있다고 하자. 이를 위해 회사와 협상을 준비하고 상사에게 이야기할 설득력 있는 이유를 준비하는 일련의 과정이 당신의 인생에서 씨앗 심기에 해당한다. 그러나 바쁘다는 핑계로 평소와 다름없이 일하고, 회사와의 협상도 두렵고 귀찮은 데다 그동안의 경력이 아까워서 씨앗 심기를 게을리하는 사람이 많다. 계속 회사에 주도권을 빼앗긴 채 몸이 만신창이가 되도록 충성한들 회사는 책임지지 않는다. 갈수록 고통만 남을 뿐이다.

더 늦기 전에 우선순위가 높은 일을 실천하며 하루를 시작하자. 이렇게 아침 시간에 씨앗 심기에 대해 고민하고 작은 것 하나라도 실천하면 중요한 일을 먼저 완수했다는 성취감을 얻을 수 있다.

부서 이동을 위한 구체적인 씨앗 심기는 다음과 같다.

- 부서 이동이 가능한 조건을 조사한다.
- 부서 이동 사유를 논리적으로 준비한다.

- 상사를 상대로 사전 협상에 들어간다.
- 업무를 완벽하게 인계할 수 있도록 정리해 둔다.
- 부서 이동이 단순 변심으로 비치지 않도록 반년 이내에 성과를 내는 것을 목표로 관련 업무를 준비한다.
- 부서 이동에 유리한 자격증을 미리 취득한다.

이처럼 정말 하고 싶지만 바쁜 일상과 주위의 걱정 때문에 못하고 있는 일을 구체적으로 선별하여 하나씩 실행하자.

방해 요소가 없어서 집중력이 높다

이탈리아의 컨설턴트 프란체스코 시릴로Francesco Cirillo 는 생산성을 향상시키는 방법으로 포모도로 기법을 제창했다. 25분간 집중하고 5분간 휴식하는 간단한 방법이다. 제한된 시간에 집중하는 것이 핵심이기 때문에 아침에 실천하면 특히 효과적이다.

'1포모도로'는 25분＋5분이며 4포모도로 후 20~30분 정도 긴 휴식을 취하는 것이 정석이다. 바쁜 아침에 2시간 이상 소비하기가 부담스럽다면 아침 1시간에 맞춰 2포모도로(30분×2)를 실천해 보자.

첫 번째 포모도로에서는 업무가 시작되면 즉시 처리할 수 있도록 그날 할 일을 목록으로 만들고, 두 번째 포모도로에서는 미래를 위한 씨앗 심기를 목록으로 만든다. 이 방법을 활용하면 생산성이 향상되어 자신이 정말 원하는 일에 시간을 투자할 수 있다.

아침 1시간으로
미래의 나를 위한 '씨앗'을 심는다

이 책에서 제안하는 아침 1시간 모닝 루틴은 그날의 일정 분류 (전반 30분)와 씨앗 심기(후반 30분)로 이루어진다. 씨앗 심기란 꿈을 이루기 위한 준비 작업으로 긴급도는 낮고 중요도는 높은 일이다.

우리는 씨앗 심기의 중요성을 알면서도 소홀히 할 때가 많다. 어디부터 시작해야 할지 엄두가 나지 않을뿐더러 귀찮아서다. 경력이나 자기 계발에 도움이 되는 공부의 경우 업무 중에는 한껏 의욕을 보이다가도 막상 시간이 나면 미루는 식이다. 그 원인은 씨앗 심기를 즉시 실행할 수 있도록 구체적인 목록으로 설정하지 않았기 때문이다.

'아직 먼 이야기니까', '일단 급한 것부터 정리한 후에'라는 핑계로 차일피일 미루면 인생에서 씨앗을 심을 기회는 영원히 오지 않을 것이다. 기한이 가까운 일은 계속해서 당신을 뒤쫓는다. 급한 일이 끝나면 하겠다는 마음가짐으로는 영원히 시작할 수 없다. 씨앗 심기의 '목록화' 기술을 익혀야 하는 이유가 여기에 있다. 급하지는 않지만 내 인생에 중요한 일이기 때문에 즉시 착수할 수 있는 상태로 준비해야 하는 것이다.

건강관리도 씨앗 심기에 해당한다. 채소 섭취, 꾸준한 유산소 운동이 몸에 이롭다는 것을 알면서도 매일 튀김을 즐기며 운동을 게을리하면 당연히 건강이 나빠진다. 건강검진에서 이상이 발견되어 뒤늦게 후회하는 사람이 얼마나 많은가.

가족과의 시간을 소중히 여기며 어린 자녀에게 아침마다 그림책을 읽어 주고, 함께 공부하고, 산책하는 것도 씨앗 심기에 해당한다. 사이드잡을 시작할 때를 대비하여 현재의 업무를 다른 분야에 활용할 수 있는지 그동안의 경험을 분석하는 것도 씨앗 심기이고, 자산 증식을 위해 주식과 부동산 투자를 공부하는 것도 씨앗 심기다. 아침 1시간 동안 자신의 씨앗 심기는 무엇인지 목록으로 만들어 보자.

낮에는 본업 때문에 시간 내기가 어렵다. 그래서 아침 시간을 활용하여 할 일의 우선순위를 정하는 것이다. 이 작업을 통해 자신의 인생에서 가장 중요한 것과 거기에 필요한 일(씨앗 심기)을 알 수 있다.

내 인생의 씨앗 심기가 무엇인지 판단하려면 그동안 타성에 젖은 채 해 오던 일들을 돌아보며 필요성을 따져 보아야 한다. 그러면 어느 부분에 생산성이 부족한지 알 수 있다.

롤 모델은 '지향점'이 같은 사람으로 정한다

우선순위를 정할 때 인터넷상에서 화제를 모은 사람이나 인플루언서의 삶을 참고하는 사람이 많을 것이다. 여기에는 주의할 점이 있다. '20대 회사원', '기획직', '워킹맘', '초등학생 자녀를 둔 부모' 등 그 인물의 직업이나 환경만 참고할 것이 아니라 그들이 어떤 마음가짐으로 인생에 임하는지를 보는 것이다. 일을 너무 좋아해서 개인 시간에도 일을 하고 집이 조금 어수선해도 개의치 않으며 아이는 건강하게 잘 먹고 잘 자면 된다고 생각하는 워킹맘의 우선순위와 집안 정리를 좋아하고 주거 환경이나 인테리어, 아이의 식단에 관심이 많은 워킹맘의 우선순위는 전혀 다르다. 따라서 워킹맘이라는 타이틀만 보고 참고하면 절대 도움이 되지 않는다. 이렇게 사람마다 우선순위가 다르다는 전제를 무시하고 롤 모델에 자신을 끼워 맞추기 때문에 우선순위를 제대로 가리지 못하는 것이다.

지금 우리에게 필요한 것은 나와 같은 환경과 입장에 처한 사람이 어떻게 하는지를 알아내는 것이 아니다. 나는 어떤 인생을 살고 싶고 어떤 행복을 느끼고 싶은지, 자신의 '지향점'을 명확히 한 후 나와 지향점이 같은 사람은 우선순위를 어떻게 정하는지 살피고 그와 같이 실천해야 한다.

삶의 과제가 바뀌면 우선순위도 바뀐다

우선순위는 삶의 우선 과제와 가정환경의 변화에 따라 바뀌기도 한다.

앞에서 예로 든 워킹맘의 경우 일이 삶의 기쁨이자 보람인 워킹맘에게는 회사에서 맡은 프로젝트를 성사시키는 일이 씨앗 심기일 수 있다. 하지만 집안 정리가 삶의 기쁨이자 보람인 워킹맘에게는 마음에 드는 인테리어로 집을 꾸미는 일이 씨앗 심

직업이나 환경이 같다고 삶의 우선순위가 같은 것은 아니다	
워킹맘	대부분의 시간을 일에 투자하여 돈을 많이 벌고 싶은 워킹맘
	집안 정리와 자녀 교육이 삶의 보람인 워킹맘
	퇴근 후 자신만의 취미를 즐기는 워킹맘
프리랜서	1인 다역도 거뜬히 해내는 만능 프리랜서
	전문 지식을 갖추어 적게 일하고 큰돈을 버는 프리랜서
	돈보다는 여유를 즐기며 행복하게 살고자 하는 프리랜서
기업가	IPO로 일확천금을 거머쥐고 40대에 조기 은퇴한 기업가
	세계를 누비는 1인 기업가
	피폐해진 조직을 개혁하는 전문 경영인

당신은 어떤 삶을 지향하는가?

기일 수 있다.

상장 기업 사장들의 비즈니스 철학을 신문 기사로 접할 때가
종종 있는데 같은 사장이어도 평사원에서 한 단계씩 승진하여
사장직에 오른 사람의 씨앗 심기와 벤처기업 창업자 출신 사장
의 씨앗 심기는 다르다. 또한 목표를 위해서라면 잠시 허리띠를
졸라매더라도 과감히 투자하는 사람과 개인 자금은 절대 사업

에 투자하지 않는 사람의 씨앗 심기도 다르다.

　나이가 들면서 지향점이 바뀌기도 한다. 사회에 첫발을 내딛는 20대에는 일이 최우선이었어도 30대에는 육아 문제 등으로 일이 우선순위에서 밀려나게 된다. 배우자가 있다면 가사 및 육아의 분담 여부에 따라서도 우선순위가 달라진다.

오늘 하루와 인생의
우선순위 정하는 법

어떻게 하면 자신의 지향점을 알고 정확한 우선순위를 정할 수 있을까?

'시간×리스크 허용도+인간관계'의 축에 따라 삶의 과제별로 우선순위를 정하여 씨앗 심기의 내용을 다르게 하면 된다.

다음 도표는 '시간×리스크 허용도+인간관계'를 알기 쉽게 나타낸 것이다. 가로축은 시간(업무·개인 시간의 구분을 명확히 하고 싶은가, 그렇지 않은가), 세로축은 리스크 허용도(약간의 리스크는 감수하는가, 완벽한 안전을 지향하는가)다. 배경에 있는 세 가지

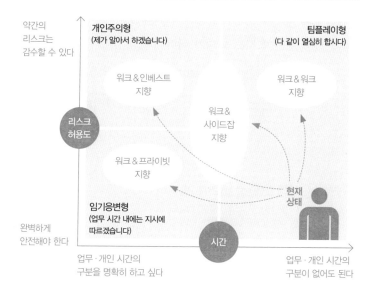

시간×리스크 허용도＋인간관계의 축에 따라 지향점을 명확히 한다

약간의
리스크는
감수할 수 있다

개인주의형
(제가 알아서 하겠습니다)

팀플레이형
(다 같이 열심히 합시다)

워크＆인베스트
지향

워크＆워크
지향

워크＆
사이드잡
지향

리스크
허용도

워크＆프라이빗
지향

현재
상태

임기응변형
(업무 시간 내에는 지시에
따르겠습니다)

시간

완벽하게
안전해야 한다

업무·개인 시간의
구분을 명확히 하고 싶다

업무·개인 시간의
구분이 없어도 된다

유형(개인주의형, 팀플레이형, 임기응변형)은 업무적인 인간관계에 대한 자세를 나타낸다.

이 도표를 통해 모호했던 자신의 지향점을 명확히 하면 나와 입장이 다른 사람들의 주장에 현혹되어 우선순위를 잘못 파악하는 일이 없어진다.

행선지 없이 거센 파도를 헤치며 항해에 나서거나 루트도 정하지 않고 에베레스트를 오르는 사람은 없다. 나는 지금 어디에 있는지, 현 상황에서 무엇을 지향할 것인지 도표를 통해 생각해 보자. 매일 바쁘게 사느라 내가 어디에 있는지조차 모를 때에도 도표를 보면 현 위치와 방향을 파악할 수 있다.

그런 다음 하루, 일주일, 1년의 우선순위를 가시화하자.

지향하는 삶의 유형을 파악해라

워크&워크, 워크&프라이빗, 워크&사이드잡, 워크&인베스트 중 무엇을 지향하느냐에 따라 삶의 우선순위나 목표는 대략 다음과 같이 달라진다.

워크&워크 지향

- 자유 시간도 모조리 일에 할애할 수 있을 만큼 항상 일을 생각한다.
- 일에 몰두할 때가 많으며 한번 빠지면 시간 가는 줄 모른다.
- 좋은 결과를 내서 돈을 많이 벌고 싶다.
- 동료와 함께 성과를 올리고 싶다.

- 회사의 목표가 곧 나의 목표다.
- 일에서 좋은 결과를 내기 위한 공부에는 아낌없이 시간을 투자한다.

워크&프라이빗 지향

- 근무시간에는 열심히 일하지만 자유 시간에 일하기는 싫다.
- 근무시간에는 지시대로 하는 데 거부감이 없다.
- 좋아하는 일이나 취미를 즐기며 시간을 보내고 싶다.
- 회사 일 때문에 가족에게 소홀해지는 것은 싫다.
- 모아 둔 돈을 까먹는 것은 싫다.
- 굳이 따지자면 돈보다 자유 시간이 좋다.

워크&사이드잡 지향

- 근무시간 이후에 다른 일을 하는 데 거부감이 없다.
- 업계에서 성장하려면 다른 분야의 경험이 필요하다.
- 지금의 업무 능력이 다른 곳에서도 통하는지 시험해 보고 싶다.
- 현 직장에서 우물 안 개구리가 되는 것에 위기감을 느낀다.

- 세상을 다면적으로 바라보고 다양한 방식으로 일하고
  싶다.
- 타 업종, 타 분야 사람들과 교류하는 것이 즐겁다.

워크&인베스트 지향

- 자유 시간까지 회사 일에 할애하고 싶지 않다.
- 시간과 장소, 돈에 얽매이기 싫다.
- 큰 목표를 위해서라면 다소 돈에 쪼들려도 참을 수 있다.
- 내가 원하는 대로 하고 싶다.
- 마음에 드는 동료하고만 일하고 싶다.
- 작은 노력으로 큰 결실을 맺고 싶다.

다시 말하지만 지향점은 결혼, 출산, 육아, 부모 돌봄 등 삶의
과제나 처한 환경에 따라 달라진다. 한 가지 지향점에 중심축을
두고 또 다른 지향점에 다리를 걸치는 것도 가능하다.

예를 들어 현재는 육아와 일을 병행하고 싶기 때문에 워크&
프라이빗을 지향하지만 조만간 워크&인베스트 지향으로 전환
할 생각이 있다면 이를 고려하여 할 일을 분배할 수도 있다. 아
침 1시간 중 30분은 워크&프라이빗 지향의 축에 따라 효율적

인 업무 방식을 고민하고, 나머지 30분은 워크&인베스트 지향의 축에 따라 부동산 투자, 주식 투자 등으로 불로소득을 얻은 인물에 대해 검색해 보는 식이다.

한번 정한 것으로 끝이 아닐뿐더러 그 지향점을 끝까지 고수할 필요도 없다. 그때그때 자신의 우선순위를 면밀히 체크하자.

참고로 나의 우선순위는 다음 도표처럼 수시로 바뀌었다. 앞으로도 삶의 과제에 따라 유연하게 바꿔 나갈 생각이다.

노력할 일과 포기할 일을 구분해라

지향점을 먼저 파악해야 하는 이유는 '당장 노력해야 하는 일'과 '포기할 일'이 명확해지기 때문이다. 지향점을 정확히 파악하면 타인의 의견에 휘둘리지 않고 필요한 일에 집중할 수 있다. 목표가 뚜렷해짐에 따라 불필요한 일에 시간을 낭비하지 않게 되는 것이다. 우선은 자신의 지향점을 파악한 후 하루의 할 일을 분류해 보자.

학창 시절

워크&워크를 지향했으며 꿈은 커리어우먼

첫 번째 회사

처음에는 워크&워크를 지향했으며 일을 맡기 위해 필사적으로 노력 →
점차 장시간 노동에 지쳐 워크&프라이빗 지향으로 전환

두 번째 회사

정사원이 되고 싶어서 워크&워크 지향 →
워크&프라이빗을 지향해 취미와 관련된 자격증 취득 →
회사 일에 적응하게 되면서 워크&사이드잡을 지향하게 되어 요리 교실 오픈

독립 / 프리랜서

워크&워크 지향으로 생계를 위해 필사적으로 노력

출산 / 법인 회사 설립

'회사의 운명이 내 손에 좌우되는 비즈니스는 관두고 싶다'는
생각을 하게 되면서 워크&워크 지향에 중심축을 두고
워크&프라이빗 지향으로 전환

우선순위를 가시화하는
4색 볼펜 메모법

회사 업무나 집안일을 이미 목록화하여 실천하고 있는 사람도 있을 것이다. 기존의 방식을 180도 바꿀 필요는 없다. 기본은 그대로 유지하고 다음 세 가지 포인트만 염두에 두자.

- 아침 1시간 동안 집중해서 만든다.
- 긴급도와 중요도에 따라 네 가지 색상으로 분류한다.
- 씨앗 심기 과제를 세분화하여 즉시 실행할 수 있는 상태로 준비한다.

	긴급하지 않음	긴급함
중요함	1 씨앗 심기 빨강	2 수확하기 초록
중요하지 않음	4 묻어 두기 검정	3 솎아 내기 파랑

긴급도×중요도에 따라 네 가지 색상으로 할 일을 분류한다

할 일은 다음과 같이 나누고 4색 볼펜으로 구분한다.

① 긴급하지 않음×중요함: 씨앗 심기인 **빨강**

② 긴급함×중요함: 수확하기인 **초록**

③ 긴급함×중요하지 않음: 솎아 내기인 **파랑**

④ 긴급하지 않음×중요하지 않음: 묻어 두기인 **검정**

인생에서 우선순위가 높은 순서대로 번호를 매겼다.

① **긴급하지 않음×중요함**

앞날을 크게 좌우할 만큼 중요하지만 소홀히 하기 쉬운 일이다. 꾸준한 노력이 중요하고 그 노력이 장차 꽃을 피워 열매를 맺으므로 '씨앗 심기'라고 명명한다. 색상은 중요도 높음을 나타내는 빨강으로 표시한다. 머리로는 중요성을 알면서도 씨앗 심기를 실천하지 못하는 이유는 무엇일까.

- 절박하지 않아서 위기를 못 느낀다.
- 하는 일이 많아서 손댈 엄두를 못 낸다.
- 진척이 더뎌서 의욕이 꺾인다.

이러한 문제를 해결하려면 아침 1시간을 통해 씨앗 심기를 세분화하여 즉시 착수할 수 있는 상태로 준비해야 한다.

② **긴급함×중요함**

일상생활 및 업무와 직결되는 일이라는 뜻에서 '수확하기'라고 명명한다. 색상은 초록으로 표시한다.

③ 긴급함×중요하지 않음

수확하기보다 중요하진 않지만 바로 해결해야 마음이 편해지는 일이다. 부재중 전화나 메일에 대한 회신이 여기에 해당하는데 이런 일은 시간이 있을 때 한꺼번에 처리하면 된다. 이것을 '솎아 내기'라고 명명하고 파랑으로 표시한다.

④ 긴급하지 않음×중요하지 않음

아무 의미 없이 습관적으로 하던 일이라는 뜻에서 '묻어 두기'라 명명하고 검정으로 표시한다.

색상 분류는 자신의 인생에서 가장 중요한 것을 매일 자문하는 작업이다. 할 일을 색상으로 구분함으로써 그날 예정된 할 일이 어디에 속하는지 한눈에 알 수 있다. 가장 먼저 진행할 일은 '씨앗 심기인 빨강', '수확하기인 초록'이다. 물론 '솎아 내기인 파랑', '묻어 두기인 검정'도 빠뜨릴 수는 없겠지만 지금 하는 일이 솎아 내기나 묻어 두기라는 인식이 생겨 많은 시간을 할애하지 않게 된다.

색상 분류에 익숙해지면 일상생활도 목록으로 정리하지 않아도 4색으로 분류할 수 있다. 예를 들어 회의 시간에 '초반 10분은 지난 회의에 대한 내용이고 메일로 확인하면 되니까 솎아 내기인 파랑이네. 대충 들어도 되겠어', '40분이 지나서야 씨앗 심기인 빨강이 시작되는군. 집중해서 들어야겠다'라고 판단할 수 있는 것이다. 이처럼 업무의 비효율적인 부분이 바로 파악되어 생산성이 오르고 판단력과 순발력도 기를 수 있다.

이 작업이 모닝 루틴으로 정착되면 '미래 계획을 세워야 하는데 손을 못 대고 있다'거나 '정말 원하는 일이 있지만 시간이 안 난다'라는 고민에서 해방된다. 소중한 시간을 낭비하느냐 투자하느냐는 아침 1시간 동안 얼마나 집중해서 그 일을 생각하느냐에 달렸다.

앞서 말한 '씨앗 심기 과제를 세분화하여 즉시 실행할 수 있는 상태로 준비한다'는 제2장에서 자세히 설명하겠다.

씨앗 심기는 내 인생에서 가장 중요한 만큼 판단·분류하는 데 시간이 걸리지만 업무 전에 완료해 두면 나머지 시간은 여유롭게 운용할 수 있다.

무슨 일이든 시작하기까지가 어려운 법, 막판에 박차를 가하는 것보다 초반에 꼼꼼히 준비하는 것이 중요하다. 완벽히 준비된 상태에서 하루 업무를 시작하면 더 의욕이 솟는다. 일단 시작한 뒤에는 급한 일로 중단되어도 즉시 할 일로 돌아갈 수 있다.

제2장

전반 30분, 하루의 우선순위를 분류하는 시간

매일 아침 우선순위를 정하면
달라지는 것들

하루 일정을 목록화하여 우선순위를 결정하는 과정은 매일 자신의 인생에서 중요한 것과 버려야 할 것을 정하고 거기에 책임지는 일과 같다.

인생은 판단의 연속이다. '바쁘니까', '아직 멀었으니까'라는 생각으로 판단을 미루면 큰 후회로 돌아온다.

아침의 할 일 목록 정리는 누구에게도 양보할 수 없는 내 인생의 씨앗 심기를 찾아가는 과정이다. 이것은 내가 무엇을 중시하고 어떤 인생을 추구하는지를 알아보는 시금석이 된다. 할 일을 그날 끝내지 못했을 때 비로소 나의 부족한 점이 눈에 들어온다. 더불어 보완해야 할 점도 명확해진다. '내가 못하는 일은 잘하는 사람에게 부탁해야겠다'라는 판단도 '목록화'에서 시작되는 것이다.

목록화를 모닝 루틴으로 만들면 다음과 같은 장점이 있다.

- 결단력이 생겨 행동이 빨라진다.
- 불필요한 걱정에서 벗어날 수 있다.
- 작업 범위를 정확히 알 수 있다.
- 일을 떠안지 않게 된다.
- 나만의 업무 FAQ가 생긴다.
- 필요한 잔업과 불필요한 잔업의 차이를 알 수 있다.
- 집중력이 향상된다.

결단력이 생겨 행동이 빨라진다

'꼭 지금 해야 하는 일인가?', '반드시 내가 해야 할 일인가?'

매일 속마음은 이렇지만 말할 수 없는 입장이거나, 말하면 상황만 복잡해질 것 같아 말하지 않거나, 고민할 시간조차 아까워 바로 행동으로 옮기지는 않는가? 그 원인은 모두 '결단력'이 없기 때문이다.

예를 들어 메일 회신이 오래 걸리는 사람은 '상대방에게서 이끌어 내야 할 답변'을 결정하지 못하는 것이고, '이 작업은 항상 시간이 많이 걸리네'라고 하면서도 계속 같은 방식으로 일하는 사람은 '업무 내용을 개선하자'고 결정하지 못하는 것이다.

목록화를 꾸준히 실천하면 결단력을 기를 수 있다. 결단력이란 명확한 가치관과 호불호에 따라 사안을 빠르게 판단하는 능력이다.

매일 눈앞에 펼쳐지는 일들에 하나하나 의미를 부여하며 '할지 말지'를 결정하는 것과 그냥 흘려보내는 것은 하루의 성취감과 만족감이라는 측면에서 전혀 다른 결과를 가져온다. 일단은 사소한 일이라도 빠르게 결정하는 힘을 길러 보자.

설령 잘못된 선택이었다 해도 결단력은 반드시 길러진다. 이를 계속 반복하다 보면 판단력 자체의 정확도가 향상되어 일 전체에 걸리는 시간이 단축된다.

불필요한 걱정에서 벗어날 수 있다

아침 1시간에 집중적으로 할 일을 분류하면 이것저것 집어넣을 시간이 없기 때문에 엄선된 목록을 만들 수 있다.

예를 들어 상대방에게 최종 확인만 받으면 되는 자료인데 "혹시 몰라서 현재 자료도 보냅니다."라며 경과를 보여 주는 것은 흔히 있는 일이다. 그런데 그 일을 '긴급하고 중요한' 것으로 생각할까? 아니다. 상대방은 이 미완성 자료를 어떻게 받아들여야 할지 몰라 당황한다. 할 일 분류는 이처럼 잘못된 업무 습관을 개선하는 데에도 효과적이다.

메일의 '참조' 기능도 불필요한 걱정에서 기인한다. '혹시 모르니 이 사람에게도 알려 놔야지'라는 생각으로 참조 수신인을 빽빽하게 집어넣지는 않는가?

참조 메일을 확인하지 않았다고 상대방을 탓할 수는 없다. "참조 메일 드렸는데요."라고 항의할 바에야 상대방에게 직접 메일을 보내면 될 일이다.

서로의 시간을 허비하지 않으려면 내 걱정이 노파심은 아닌지 의심해 보자. 그래도 꼭 보내야겠다는 생각이 들면 아침 1시간 할 일 목록에 넣는다.

작업 범위를 정확히 알 수 있다

야근은 흔히 개인의 성격 문제로 치부된다. 많은 작업을 혼자 떠안아서, 작업 범위를 잘못 계산해서, 완벽해야 직성이 풀려서 야근을 하게 된다는 것이다.

하지만 '작업 범위의 어느 부분이 잘못됐는가', '완벽을 기해야 하는 부분과 그렇지 않은 부분은 어떻게 판별하는가' 같은 구체적인 내용은 비교 대상이 없는 한 애매해질 수밖에 없다.

똑같은 '메일 작성'이나 '자료 준비'도 사람마다 방식이 다르다. 일을 빠르고 정확하게 하는 사람의 방식, 즉 '기본'을 공유할 수 있는 환경이 조성된다면 생산성은 훨씬 높아질 것이다.

어떻게든 일은 마무리하지만 꼼꼼하지 못해서 고민되는가? 그렇다면 자기가 한 일을 '가시화'해 보자. 일 잘하는 사람과의 차이점을 쉽게 비교할 수 있다. 그 과정에서 어떤 점이 부족하면 일이 잘못되는지 알 수 있는 것이다. 선배나 일 잘하는 사람에게 "저는 이렇게 하고 있는데 선배는 어떻게 하세요?"라고 구체적으로 질문하면 더욱 정확한 조언을 들을 수 있다. 이렇게 해서 자신의 작업 범위가 어디서부터 어디까지인지 한층 정확해진다.

일을 떠안지 않게 된다

관리직 후보를 대상으로 한 강연에서 어느 참가자가 고민을 털어놓았다.

"저희 상사는 제가 아이디어를 낼 때마다 '좋아! 바로 착수해!'라고 합니다. 믿고 맡겨 주는 건 고맙지만 사실 너무 바빠서 새 프로젝트에 들어가는 건 부담스러워요."

참고로 이 사람은 일도 빠르고 배려심과 책임감도 강한 베테랑이라 주변의 신뢰가 두텁다. 일은 바쁜 사람에게 부탁하라는 말이 있으나 뛰어난 사람은 그만큼 일이 많고 매번 잘 해내기 때문에 이 과정이 계속 반복된다. 보람도 있겠지만 심리적 부담이 클 수밖에 없다.

여기서 맹점이 있다. 사실 일을 잘하는 사람일수록 의외로 자신의 작업 과정을 잘 모른다는 것이다. 그냥 하다 보니 잘됐기 때문에 귀찮게 굳이 순서를 기억하거나 기록하지 않는다. 그래서 '설명하느니 직접 하는 게 빠르겠다'라는 생각으로 일을 떠안는다. 결국 일은 눈덩이처럼 불어나고 이 과정이 반복된다.

이처럼 일을 잘한다는 이유로 반복하는 '셀프 노동 착취'도 목록화로 방지할 수 있다. 할 일을 분해해서 자신이 할 수 있는 부분과 남에게 도움받아야 할 부분을 잘 생각해 보면 사실은 별로 힘들지 않았을 일도 많다.

나만의 업무 FAQ가 생긴다

다른 사람도 있는데 유독 당신에게만 질문이 집중될 때가 있지 않은가?

바쁠 때는 '왜 나한테만 묻지? 직접 검색하면 될 것을'이라고 생각할 수도 있다. 그런데 이와 같은 상황이 반복되는 이유는 다른 사람은 모르는 답을 당신이 알기 때문일 것이다. 즉 이런 질문에는 당신만 답할 수 있는 가치가 숨어 있다.

목록화를 통해 내가 무슨 일을 하고 있는지 명확히 하는 것은 자기 일에 관한 'FAQ'(자주 묻는 질문)를 정리하는 일과 같다. 항상 같은 질문이라 지겹겠지만 문제 해결의 열쇠를 쥔 사람은 나밖에 없다고 생각하면 기분 좋게 받아들일 수 있지 않을까?

아침 1시간을 통해 할 일 목록을 만드는 것은 자신이 습관적으로 해 오던 일을 언어화하는 작업이다. 언어화하고 나면 ① 자신이 어떻게 업무 방법을 익혀 왔는지 돌아보고 ② 상대방이 쉽게 이해할 수 있도록 문서화하여 ③ 그것을 누구나 할 수 있는 형태로 표준화·체계화할 수 있다. 체계화한 후에는 다른 사람

에게 그 일을 맡길 수 있어서 상대방에게도 좋고 나도 편해진
다. 또 '가르친다'라는 관점에서 사안을 바라보면 커뮤니케이션
방법도 바뀌고 업무의 즐거움도 발견할 수 있다.

필요한 잔업과 불필요한 잔업의 차이를 알 수 있다

할 일을 분류하면 완수한 일과 완수하지 못한 일이 한눈에 보인
다. 잔업에는 '불가피한 잔업'과 '피할 수 있는 잔업'이 있다. 후
자는 목록화한 작업을 돌아보는 과정에서 알 수 있기 때문에 방
책을 마련하면 된다.

혹시 이런 경험이 있는가? 고객이나 상사가 기획서 작성을
부탁했는데 내용 파악이 안 된 상태에서 질문을 하지 못한 채 일
을 떠맡았다. 예상대로 작업 중에 문제가 생겼고 내용을 확인해
줄 상대가 회의와 외출로 계속 자리를 비워 확인까지 무려 3시
간이나 걸리고 말았다.

부탁받은 시점에 궁금점을 확인했더라면 피할 수 있었을 잔
업이다. 할 일을 꼼꼼하게 분류해 두면 기획서 작성에는 지시
내용 확인, 작성, 결과 체크 등도 포함된다는 것을 미리 알 수
있어 불필요한 잔업을 피할 수 있다.

자신의 잔업뿐 아니라 상사의 잔업 요인을 관찰하여 나름의 개선 방안을 마련하는 수준에 이르면 불가피한 잔업 때문에 짜증 날 일도 사라진다.

집중력이 향상된다

아침 1시간의 할 일 목록 관리가 습관화되면 아침이 당신의 '피크 매니지먼트'peak management 시간이 된다. 피크 매니지먼트란 운동선수가 실전에서 최고의 컨디션을 유지하기 위해 '승리 패턴'을 의식처럼 반복하는 것이다. 전 메이저리거 마쓰이 히데키 선수도 현역 시절 타석에 들어설 때면 다음과 같은 동작으로 멘탈 관리를 했다고 한다.

- 양손으로 배트 끝을 잡는다.
- 몸을 앞으로 굽힌다.
- 몸을 돌리며 스트레칭한다.
- 배트를 좌우로 흔든 후 투수의 투구 동작에 맞춰 다시 배트를 흔든다.
- 타석에 서서 발로 흙을 고른다.

- 타격 자세를 잡고 배트 끝을 잠시 응시한다.

이처럼 최상의 컨디션을 의도적으로 만드는 의식으로서 아침 1시간을 할 일 목록 관리에 투자하자. 좋은 결과를 불러온 행동을 모닝 루틴으로 삼으면 나에게 좋은 암시를 걸 수 있다.

심리학자 미하이 칙센트미하이는 주위의 소음이 안 들릴 만큼 한 가지에 집중한 상태를 '플로flow 상태'라고 명명했다. 이러한 상태에서 할 일을 분류하면 의욕이 솟아올라 '이 목록을 반드시 오늘 안에 완료하겠다'라는 마음가짐으로 하루를 시작할 수 있다.

또한 해야 할 일이 자동으로 결정되기 때문에 갑작스럽게 상담이 잡히거나 문제가 발생해서 일이 중단되어도 금세 하던 일로 되돌아올 수 있다.

우선순위 분류는
아날로그 방식이 기본이다

디지털 시대에 걸맞게 할 일 목록 작성을 위한 스마트폰 앱도 다양하게 나와 있다. 그러나 아침 1시간에 작성하는 할 일 목록 만큼은 익숙해질 때까지 종이 수첩이나 노트를 이용해 아날로그 방식으로 기록하자. 출근길에만 아침 1시간을 낼 수 있는 형편이라면 어쩔 수 없이 스마트폰을 써야겠지만 이때 인터넷 서핑이나 메일 확인에 시간을 낭비하지 않도록 주의한다.

아날로그 방식을 추천하는 이유는 두 가지다.

- 집중력과 판단력을 유지하기 위해
- 할 일 목록화 작업을 습관적으로 미루지 않기 위해

기상 후 1시간 동안은 스마트폰을 멀리해라

노벨 경제학상을 수상한 허버트 사이먼(미국의 사회과학자이자 경영학자로 공동 연구자들과 함께 행동과학적 조직론을 창시했으며 그 연구 업적으로 노벨 경제학상을 수상했다 — 옮긴이)은 "정보의 풍요는 주의의 빈곤을 낳는다."라고 했다. 정보량이 지나치게 많으면 선택에 지쳐 스스로 생각하지 않기 때문에 판단축이 무뎌지며 이는 우선순위 정하기에도 영향을 미친다. 요즘은 스마트폰이나 컴퓨터를 켤 때마다 원하지 않아도 수많은 정보를 접하게 된다. 그 과정에서 그 의견이 내 의견인지, 인터넷 논객의 의견인지 혼동하게 된다. 넘치는 정보를 그대로 받아들이고 그것을 '내 의견'으로 착각할 위험이 있다.

아침 1시간만이라도 인풋(입력)을 멈추고 내 안의 정보를 아웃풋(출력)하자. 스마트폰으로도 아웃풋이 가능하지만 스마트폰을 켜면 아무래도 메모 이외의 다른 일을 하게 된다. 할 일 목록 작성에 집중할 수 있도록 의식적으로 인터넷에서 벗어나는 시간을 갖자.

또한 디지털 방식은 복사와 붙여넣기를 쉽게 할 수 있다. 편리한 기능이지만 각 할 일의 필요성을 꼼꼼히 살피는 시간까지 **빼앗는다.** 그래서 전날 완수하지 못한 일이 있어도 죄책감을 덜 느끼게 되고 완수하겠다는 의지도 식어 버린다.

포스트잇에 일일이 할 일을 써서 붙여 두었다가 할 일을 완료하면 떼 버리는 사람도 있는데 이 방법도 추천하지 않는다. 열심히 이룬 일을 떼 버리는 것은 도전의 궤적까지 버리는 것이기 때문이다. 자신이 판단하고 분류해서 이룬 모든 궤적은 노트나 수첩에 꼭 남겨서 재검토하는 데 활용하는 것이 좋다. 완료했다는 표시로 위에서부터 빨간 펜으로 선을 그으면 성취감도 맛볼 수 있다.

이동 중에는 전용 앱을 사용해라

아침 1시간 모닝 루틴은 기본적으로 스마트폰을 사용하지 않기를 권하지만 만원 전철을 타고 이동하는 출근길에만 짬이 나는 사람도 많을 것이다. 그런 경우에는 'Captio'라는 유료 앱을 추천한다. 조작 방법은 '앱 가동 → 메모 → 메일 전송'으로 매우 간단하며 음성 입력도 가능하다(유사한 기능을 지닌 일정 관리 및 메모 앱 중에서 국내 유저들이 선호하는 앱으로 Do!, DayMore, DAILY NOTE 등이 있다—옮긴이).

메모는 미리 설정해 놓은 제목으로 메일함에 들어오는데 직장이나 근처 카페에 도착해 차분히 재검토하면 그 자체가 할 일 목록 작성이 된다. 나는 이동 중에 떠오른 생각도 모두 Captio로 메모해 메일로 전송한다.

전용 노트와
펜을 준비해라

아침 1시간 생활을 시작하기로 했다면 먼저 자기 취향에 맞는 도구를 갖추자. 할 일 분류에는 종이와 펜이 필요하다. 손에 닿는 감촉, 필기감, 휴대의 편의성 등을 고려하여 취향에 맞는 도구를 사용하면 더욱 의욕적으로 임할 수 있을 것이다. 반드시 고급 브랜드의 노트일 필요는 없다(그런 것을 사용해야 의욕이 생긴다면 사용해도 된다). 매일 아침 가장 손이 잘 갈 것 같은 노트를 고르자.

참고로 나는 다음 세 가지 노트를 즐겨 사용한다.

**아침 1시간 생활을 위해
사용 중인 필기구**

(왼쪽 상단부터 시계 방향으로)
모닝 루틴 수첩, 라이프 노블
노트, 미도리 MD노트, 라미
2000L401, 톰보 플레이컬러K

- 일, 주, 월 단위 할 일 관리용으로 10년째 매년 제작 중
  인 '모닝 루틴 수첩'
- 3~6개월 단위의 비전 구상용(후술) 라이프 노블 노트
  플레인 B6 무지
- 모닝 페이지용(후술) 미도리 MD노트 문고 무지1

할 일을 색상으로 분류할 때 사용하는 4색 볼펜은 라미 유성

2000L401이다. 이 제품은 보통 4색 볼펜보다 디자인이 세련돼서 갖고만 있어도 기분이 좋아진다. 다만 라미 볼펜은 잉크가 뻑뻑해서 글씨를 쓸 때 힘이 들기 때문에 제트스트림의 심으로 교체해서 사용하고 있다(라미에 교체해서 사용 중인 심은 SXR20005이며, 제트스트림은 초록색이 없어서 제브라 유성 샤보B-BR-8A-4C-G의 교체심 4C-0.7을 함께 사용한다).

3~6개월 단위의 비전을 구상할 때는 톰보연필의 수성 사인펜 플레이컬러K 12색상을 사용한다.

우선순위 분류의
3단계 원칙

구체적인 할 일 분류 방법을 살펴보자. 아침 1시간 할 일 목록 관리에는 매일·매주·매월·3~6개월의 습관이 있으며 기본 틀은 같기 때문에 '매일의 습관'으로 설명한다.

① 머릿속에 떠오르는 오늘의 할 일을 전부 끄집어낸다.
② 4색으로 분류하여 씨앗 심기를 판별한다.
③ 씨앗 심기를 세분화하여 즉시 착수할 수 있는 상태로 만든다.

3단계 분류법에 따라 오늘 할 일을 구체적으로 분류한다

4월 8일 오늘의 할 일

STEP 1

머릿속에
떠오르는
오늘의 할 일을
전부 끄집어낸다

- [ ] 오전 메일 체크
- [ ] B사의 문의 답변
- [ ] 정례 회의 의제 재검토
- [ ] 정례 회의 참석
- [ ] 정례 회의 회의록 작성
- [ ] 견적서 작성
- [ ] A씨와 점심 식사

- [ ] 오후 메일 체크
- [ ] 신규 거래처를 위한 기획서 작성
- [ ] 취미로 하는 독서 블로그에 글 작성
- [ ] 복근 운동 100번
- [ ] 세미나 대금 입금

4월 8일 오늘의 할 일

STEP 2

4색으로
분류하여
씨앗 심기를
판별한다

- [ ] 오전 메일 체크(초록)
- [ ] B사의 문의 답변(초록)
- [ ] 정례 회의 의제 재검토(파랑)
- [ ] 정례 회의 참석(파랑)
- [ ] 정례 회의 회의록 작성(파랑)
- [ ] 견적서 작성(파랑)
- [ ] A씨와 점심 식사(빨강)

- [ ] 오후 메일 체크(초록)
- [ ] 신규 거래처를 위한 기획서 작성(빨강)
- [ ] 취미로 하는 독서 블로그에 글 작성(빨강)
- [ ] 복근 운동 100번(빨강)
- [ ] 세미나 대금 입금(검정)

각 항목에 색상별로 밑줄을 긋거나 ○를 치거나, 항목 앞에 색상을 구분하여 ○를 치는 등 각자 편한 방법으로 4색을 표시한다

신규 거래처를 위한 기획서 작성

STEP 3

씨앗 심기를
세분화하여
즉시 착수할 수
있는 상태로
만든다

- [ ] 거래처의 고민 조사
- [ ] 거래처의 고객 조사
- [ ] 목표 설정
- [ ] 기획서 초안 작성
- [ ] 반론과 질문 목록 작성
- [ ] 답변 준비
- [ ] 발표 일정 확인

- [ ] 필요한 인원 확인
- [ ] 상사와 기획서 초안 조율
- [ ] 자료 작성 시작
- [ ] 자료 최종 확인→수정
- [ ] 프레젠테이션 연습
- [ ] 컬러 인쇄 3부

머릿속에 떠오른 오늘의 할 일을
모두 끄집어낸다

우선은 '하고 싶은 일', '해야 할 일'의 구분 없이 오늘 진행할 일을 전부 끄집어낸다. 뇌 용량은 한계가 있기 때문에 불필요한 기억에 사용되는 것을 차단하기 위해서다. 종이나 노트가 뇌의 외부 기억 장치라고 보면 된다. 이때 '내일 해도 되는 일', '다음 주 일정이지만 신경 쓰이는 일' 등이 떠오를 수 있는데 일단은 사고의 흐름이 끊기지 않도록 전부 적는다(내일 이후의 할 일 관리법에 대해서는 110~119쪽에서 설명한다).

'잊어버리면 안 된다', '반드시 해야 한다'라는 막연한 압박감

4월 8일 오늘의 할 일

- ☐ 오전 메일 체크
- ☐ B사의 문의 답변
- ☐ 정례 회의 의제 재검토
- ☐ 정례 회의 참석
- ☐ 정례 회의 회의록 작성
- ☐ 견적서 작성

- ☐ A씨와 점심 식사
- ☐ 오후 메일 체크
- ☐ 신규 거래처를 위한 기획서 작성
- ☐ 취미로 하는 독서 블로그에 글 작성
- ☐ 복근 운동 100번
- ☐ 세미나 대금 입금

때문에 해야 할 일을 미룰 때가 종종 있을 것이다. 그런 것도 전부 *끄집어내자*.

오늘의 할 일을 머릿속에서 *끄집어내는* 단계에서 색상까지 분류하려 들면 생각의 흐름이 끊기므로 그 작업은 일단 보류한다(익숙해지면 이 단계에서 자연스럽게 색상을 분류할 수 있다). 검은 펜이나 연필로 오로지 목록을 적는 데 집중하자.

이동 중에만 시간이 나는 사람은 앞서 소개한 앱 등으로 작업하여 메일로 보낸다. 군더더기 없이 적으려고 하면 술술 써지지 않는다. 할 일의 중요도에 관계없이 '전부 꺼내는' 것이 중요하다.

'위클리' 플래너를 활용해라

하루의 할 일은 주로 다섯 가지로 나뉜다. 머리에 떠오르는 것이 없다면 다음 항목을 참고하자.

- 연락하고 싶은 사람
- 진행하고 싶은 프로젝트
- 앞으로 하고 싶은 일
- 제출할 과제
- 읽고 싶은 책이나 자료

나는 '모닝 루틴 수첩'의 세로형 위클리 부분을 활용하여 할 일 목록을 작성하며 이때 시간축은 무시한다.

'모닝 루틴 수첩'은 오전 4시부터 9시까지 시간축이 표시되어 있는데 책 마지막의 부록에서도 팁을 설명하겠지만 일찍 일어나기에 웬만큼 익숙해지면 기상 시간, 아침 식사 시간 등은 일일이 적을 필요가 없다. 꼭 이 수첩이 아니더라도 세로형 위클리 타입(일주일이 양면에 걸쳐 있으며 세로축에 30분~1시간 간격으로 눈금이 새겨져 있는 타입)의 수첩이 있으면 똑같은 방법으로 활용할 수 있다.

아무것도 안 떠오를 때는 '모닝 페이지'를 써라

이른 아침의 할 일 분류가 너무 갑작스럽다면 '모닝 페이지'로 워밍업을 해 보자. 모닝 페이지란 줄리아 카메론이 《아티스트 웨이》에서 소개한 방법으로 아침마다 하루 세 페이지씩 머릿속에 떠오르는 말을 전부 노트에 쓰는 것이다.

내용에 관계없이 떠오르는 대로 쓰면 된다. '오늘은 쓸 내용이 없는데 어떡하지. 세 페이지나 쓰긴 힘들 것 같은데'라는 생각이 들겠지만 한번 발동이 걸리면 일사천리로 써 내려갈 수 있다.

모닝 페이지로 뭔가 답을 찾으려 하지 않고 머릿속 생각을 있는 그대로 쓰다 보면 사고가 확장되면서 '오늘 하고 싶은 일', '해야 할 일'도 자연스럽게 알 수 있다. 그러고 나면 '오늘 할 일', '이번 주에 할 일', '앞으로 할 일'이라는 명확한 계획이 발견되어 생각을 정리할 수 있다.

즉 모닝 페이지는 생각을 쏟아 내는 열린 질문으로 출발하여 할 일을 분류한 후에는 '무엇을 하고 싶은가', '이번 주에 무엇을 할 것인가'라는 닫힌 질문에 도달한다. 할 일 분류가 막연할 때는 이 방법을 시도해 보자.

이번 주의 테마

이번 주의 위시 리스트

연락하고 싶은 사람

진행하고 싶은
프로젝트

앞으로 하고 싶은 일

제출할 과제

읽고 싶은 책/자료

	Monday		Tuesday		Wednesday	
	18		**19**		**20**	
	잠들기 전 할 일		잠들기 전 할 일		잠들기 전 할 일	
	목표	실행	목표	실행	목표	실행
	기상 시간		기상 시간		기상 시간	
	목표	실행	목표	실행	목표	실행
	수면 시간		수면 시간		수면 시간	
	목표	실행	목표	실행	목표	실행
	컨디션 Bad 1 2 3 4 5 Good		컨디션 Bad 1 2 3 4 5 Good		컨디션 Bad 1 2 3 4 5 Good	
	오늘의 점수		오늘의 점수		오늘의 점수	
	목표	실행	목표	실행	목표	실행
4:00						
5:00						
6:00			시간축은 무시하고 하루의 할 일을 적는다(일찍 일어나기가 정착되면 기상 시간, 아침 식사 시간 등은 쓸 필요 없다)			
7:00						
8:00						
9:00						
	일과 종료 목표 시간		일과 종료 목표 시간		일과 종료 목표 시간	
	취침 목표 시간		취침 목표 시간		취침 목표 시간	
	아침 3줄 일기		아침 3줄 일기		아침 3줄 일기	
	획득 포인트		획득 포인트		획득 포인트	

이번 주의 재검토 사항

Thursday	Friday	Saturday	Sunday
21	**22**	**23**	24
잠들기 전 할 일 목표 　실행	잠들기 전 할 일 목표 　실행	잠들기 전 할 일 목표 　실행	잠들기 전 할 일 목표 　실행
기상 시간 목표 　실행	기상 시간 목표 　실행	기상 시간 목표 　실행	기상 시간 목표 　실행
수면 시간 목표 　실행	수면 시간 목표 　실행	수면 시간 목표 　실행	수면 시간 목표 　실행
Bad　　Good 컨디션 1 2 3 4 5	Bad　　Good 컨디션 1 2 3 4 5	Bad　　Good 컨디션 1 2 3 4 5	Bad　　Good 컨디션 1 2 3 4 5
오늘의 점수	오늘의 점수	오늘의 점수	오늘의 점수

목표	실행	목표	실행	목표	실행	목표	실행	
								4:00
								5:00
								6:00
								7:00
								8:00
								9:00

일과 종료 목표 시간	일과 종료 목표 시간	일과 종료 목표 시간	일과 종료 목표 시간
취침 목표 시간	취침 목표 시간	취침 목표 시간	취침 목표 시간
아침 3줄 일기	아침 3줄 일기	아침 3줄 일기	아침 3줄 일기
획득 포인트	획득 포인트	획득 포인트	획득 포인트

4색으로 분류하여
씨앗 심기를 판별한다

이어서 오늘의 할 일을 네 가지 색으로 분류한다.

① 긴급하지 않음×중요함: 씨앗 심기인 **빨강**

② 긴급함×중요함: 수확하기인 **초록**

③ 긴급함×중요하지 않음: 솎아 내기인 **파랑**

④ 긴급하지 않음×중요하지 않음: 묻어 두기인 **검정**

이렇게 하면 우선순위를 한눈에 알 수 있다. 익숙해질 때까지

	긴급하지 않음	긴급함
중요함	1 씨앗 심기 빨강	2 수확하기 초록
중요하지 않음	4 묻어 두기 검정	3 솎아 내기 파랑

는 하루의 할 일을 전부 검은색으로 쓰고 색상별로 밑줄을 긋거나, 동그라미를 치거나, 펠트펜으로 표시하여 구분하자. 다소 어려워도 글로 적는 단계에서 우선순위를 정하는 것이 포인트다.

물론 도저히 판단이 안 되거나 잘못된 판단을 하는 경우도 있을 것이다. 그래도 반성할 점을 색상으로 파악할 수 있기 때문에 검은색으로만 쓰는 것보다는 검토가 수월해진다. 색상 분류에 익숙해지면 메일에 회신할 때도 바로 해야 할지, 시간을 들여야 할지 색상으로 파악될 것이다. 그 결과 사안을 판단하는 속도가 빨라져서 자유 시간을 충분히 확보할 수 있다.

중요도와 긴급도를 구분해라

우선순위를 색상으로 구분하는 구체적인 방법은 다음과 같다.

모두에게 공통적인 씨앗 심기(빨강)

심신의 건강관리, 운동, 가족이나 연인·친구·멘토 등 자신에게 중요한 사람이나 일과 관련된 일.

워크&워크를 지향하는 사람의 씨앗 심기(빨강)

회사의 가치를 끌어올릴 방안(예를 들어 신규 상품 개발, 타사 동향 리서치 등) 조사·공부와 관련된 것, 회사에서 인정받기 위한 자기 투자, 성장에 필요한 기술 습득.

워크&프라이빗을 지향하는 사람의 씨앗 심기(빨강)

취미 개발, 퇴근 후 관심사에 집중하기 위한 효율적인 업무 기술 습득.

4월 8일 오늘의 할 일

- [ ] 오전 메일 체크(초록)
- [ ] B사의 문의 답변(초록)
- [ ] 정례 회의 의제 재검토(파랑)
- [ ] 정례 회의 참석(파랑)
- [ ] 정례 회의 회의록 작성(파랑)
- [ ] 견적서 작성(파랑)
- [ ] A씨와 점심 식사(빨강)
- [ ] 오후 메일 체크(초록)
- [ ] 신규 거래처를 위한 기획서 작성(빨강)
- [ ] 취미로 하는 독서 블로그에 글 작성(빨강)
- [ ] 복근 운동 100번(빨강)
- [ ] 세미나 대금 입금(검정)

워크&사이드잡을 지향하는 사람의 씨앗 심기(빨강)

기존의 커리어 검토, 향후의 커리어 설계 검토, 부업 시간 확보를 위한 본업의 생산성 향상 방안 연구, 현 직장과의 사전 협상, 커리어를 살릴 수 있는 직업 조사, 롤 모델 연구.

워크&인베스트을 지향하는 사람의 씨앗 심기(빨강)

수익을 창출하기 위한 준비, 주식 및 부동산 공부, 시장 가치가 높은 분야 조사, 성공한 사람들의 비결 연구.

수확하기, 솎아 내기, 묻어 두기는 지향점이 무엇이든 내용이 같으며 구체적으로는 다음과 같다.

수확하기(초록)

현재의 생활과 업무에 직결되는 일. 예를 들어 중요한 거래처와의 연락, 날짜가 정해진 프레젠테이션이나 중요한 회의의 자료 준비 등.

솎아 내기(파랑)

수확하기보다 중요도가 떨어지지만 신경이 쓰여서 착수하게 되는 일. 예를 들어 전화, 메일 등 시간 날 때 한꺼번에 처리하면 되는 일.

묻어 두기(검정)

아무 의미 없이 습관적으로 하는 일. 잡무, 시간 때우기 등.

이기적으로 시간을 운용해라

우선순위에 대해 설명하면 약속에 우열을 따지는 것이 상대방에게 미안해서 내키지 않는다고 말하는 사람이 있다. 그런데 좋은 사람인 척하느라 스트레스를 받고 찜찜한 기분으로 상대와 관계를 유지한다면 그것이 더 미안한 일 아닐까.

내 시간을 희생해 가며 상대에게 시간을 할애하는 이유는 무엇일까? 스스로 어떤 기준에 따라 그러한 판단을 했는지 색상으로 명확히 구분한다면 납득되는 선택을 할 수 있어서 마음이 가벼워질 것이다.

나는 우선순위를 정해서 행동에 옮기는 것은 속박이 아닌 자유를 가져오는 일이라고 생각한다. 규칙에 따라 주저 없이 우선순위를 결정한 결과, 시간을 자유롭게 운용할 수 있게 되어 여유가 생긴다. 의식적으로 이런 작업을 반복하다 보면 나중에는 무의식적으로도 할 수 있게 된다. 먼저 규칙에 따라 의식적으로 순위를 정해 보자.

취재에 응하다 보면 수첩을 보여 달라고 하는 일이 자주 있는데 그때마다 "굉장해요!" 하는 반응이 많다. 그 말에서 '난 이렇게 자세히 못 쓰는데…'라는 본심이 느껴지기도 한다. 그러나 내 수첩의 내용들도 결국 '쓰기 → 색상으로 분류하기 → 씨앗 심기(빨강)'의 3단계로 이루어져 있을 뿐이다. 아주 간단하다.

씨앗 심기를 세분화하여
즉시 착수할 수 있는 상태로 만든다

색상 분류가 끝나면 씨앗 심기(빨강) 과제를 세분화하여 실행할 수 있는 상태로 만든다. 만약 그날의 할 일에 씨앗 심기가 없다면 다음 일주일 스케줄에서 씨앗 심기를 가져와도 된다.

예를 들어 이벤트 회사 직원이 예비 신규 고객에게 좋은 이벤트를 제안하려 한다고 가정하자. 이 경우 회사의 매출 향상과 거래처 확보를 위한 방안 찾기가 씨앗 심기(빨강)에 해당된다. 여기서 '신규 거래처를 위한 기획서 작성'을 분해해 보자.

- 예비 신규 거래처의 고민을 조사한다.
- 예비 신규 거래처가 원하는 고객은 누구이며 그들은 어떤 문제를 해결하고 싶어 하는지 조사한다.
- 예비 신규 거래처의 목표를 생각한다.
- 5W2H로 정리한 기획안을 구상한다: When(언제), Where(어디서), Who(누가), Why(왜), What(무엇을), How(어떻게), How much(얼마나)
- 예비 신규 거래처가 제기할 만한 반론과 질문을 목록으로 만든다.
- 그에 대한 답변을 준비한다.
- 발표 일정을 확인한다.
- 발표에 필요한 인원을 확인한다.
- 노트에 기획서 초안을 써서 상사에게 보여 주고 방향성을 조율한다.
- 자료 작성을 시작한다.
- 상사에게 자료를 최종적으로 확인받고 필요하다면 수정한다.
- 프레젠테이션을 연습한다.
- 회의를 위해 자료를 컬러로 3부 인쇄한다.

4월 8일 오늘의 할 일

- [ ] 오전 메일 체크(초록)
- [ ] B사의 문의 답변(초록)
- [ ] 정례 회의 의제 재검토(파랑)
- [ ] 정례 회의 참석(파랑)
- [ ] 정례 회의 회의록 작성(파랑)
- [ ] 견적서 작성(파랑)
- [ ] A씨와 점심 식사(빨강)
- [ ] 오후 메일 체크(초록)
- [ ] 신규 거래처를 위한 기획서 작성(빨강)
- [ ] 취미로 하는 독서 블로그에 글 작성(빨강)
- [ ] 복근 운동 100번(빨강)
- [ ] 세미나 대금 입금(검정)

신규 거래처를 위한 기획서 작성

- [ ] 거래처의 고민 조사
- [ ] 거래처의 고객 조사
- [ ] 목표 설정
- [ ] 기획서 초안 작성
- [ ] 반론과 질문 목록 작성
- [ ] 답변 준비
- [ ] 발표 일정 확인
- [ ] 필요한 인원 확인
- [ ] 상사와 기획서 초안 조율
- [ ] 자료 작성 시작
- [ ] 자료 최종 확인 → 수정
- [ ] 프레젠테이션 연습
- [ ] 컬러 인쇄 3부

이렇게 세분화해 두면 착수(수확하기)할 시점이 되었을 때 바로 행동으로 옮길 수 있어 마음이 놓인다. 자신이 할 수 있는 일과 그렇지 않은 일을 알 수 있어 타인에게 일을 맡기기도 쉽다.

예를 들어 '예비 신규 거래처의 고민 조사', '발표에 필요한 인원 확인', '컬러로 3부 인쇄'와 같은 작업은 다른 사람에게 맡겨도 된다는 것을 알 수 있다. 설령 그 일을 본인이 하게 되어도 남에게 맡길 일과 내가 할 일을 알게 됨으로써 이후에 일을 전개하는 방식이 달라진다.

또한 자세한 순서가 적혀 있어서 중요한 준비와 그렇지 않은 준비를 알 수 있다. 다음에 또 신규 거래처에 제안을 하게 될 경우 그만큼 시간을 절약할 수 있는 것이다.

참고로 분해 작업에 익숙해지면 '엄청 바빴는데 진척이 없는 듯한 허무함'에서 벗어날 수 있다. 일의 중요도가 낮아서 하루에 적어도 하나는 처리할 수 있기 때문이다.

또 이 방법은 씨앗 심기뿐 아니라 수확하기에 해당하는 일이 너무 많을 때도 활용할 수 있다. 마감이 코앞인데도 일을 시작하지 못하고 평소에는 하지도 않는 청소나 메일 정리를 하며 현실에서 도피한 적이 있지 않은가? 그 원인은 '무엇을, 어디서, 어떻게 할 것인가'가 애매하기 때문이다. 수확하기에 해당하는 일을 세분화해서 바로 착수할 수 있는 상태로 만드는 과정은 나중을 위한 훌륭한 씨앗 심기 작업이므로 아침 1시간을 통해 실행해 보자.

일이든 개인적 일상이든 씨앗 심기 과제를 세분화하면 진척 상황을 객관적으로 측정할 수 있다. 설령 할 일을 그날 안에 못 끝내도 '오늘은 70퍼센트나 진행했어' 하고 진척도를 알 수 있기 때문에 위축되기는커녕 오히려 자기긍정감이 강해진다.

또 모든 계획을 하루에 소화하지 못했어도 아침 시간을 씨앗 심기에 할애했다는 사실에서 '오늘은 나에게 중요한 일을 했다'라는 성취감을 맛볼 수 있다.

'1씨앗 1종이'의
법칙

씨앗 심기 과제를 분해할 때는 '1씨앗당 종이 1장'(전용 수첩을 사용한다면 1씨앗당 수첩 1페이지)으로 운용한다. 한 페이지에 여러 가지 씨앗 심기가 적혀 있으면 무엇을 어디까지 했는지 파악하기 어렵고 빽빽한 글씨가 주는 압박감 때문에 의욕이 꺾인다. '1씨앗당 종이 1장'으로 정해 두면 씨앗 심기 과제가 몇 개든 종이 매수만 확인하면 되어 편하다.

씨앗 심기를 분해해서 종이에 적는 작업은 익숙해지기까지 시간이 걸린다. 따라서 아침 1시간 내에 못 끝냈다면 며칠에 걸

업무 내용	해야 할 일	(여유가 있을 경우) 목표 소요 시간
기획을 정리한다	☑ ~~기획의 가설을 세운다~~	30분
	☑ ~~가설에 관한 자료를 빠짐없이 읽는다~~	2시간
	☑ ~~관련 키워드를 구글 알람에 등록한다~~	5분
완료한 일은 빨간 선을 그어 진척도 를 가시화한다	☑ ~~아이디어를 다듬는다~~	3시간
	☑ ~~기획 자료 초안을 노트에 적는다~~	1시간
	☐ 이 기획의 장점을 생각한다	20분
	☐ 기획 제안 시 나올 법한 반론을 생각한다	20분
	☐ 반박 자료를 수집한다	1시간
	☐ 예산 내에서 가능한지 계산한다	30분
	☐ 착수 일정을 세운다	30분
	☐ 누구에게 무엇을 부탁할지 역할 분담표를 만든다	30분

처 작성해도 관계없다. 원래 씨앗 심기 과제는 작업량이 많아서 하루 만에 전부 끝내기 어렵다. 아침 1시간을 통해 할 일 목록을 만들고 착수 가능한 상태로 준비하는 것 자체가 중요한 씨앗 심기다.

씨앗 심기를 분해하는 데 웬만큼 익숙해지면 목표 소요 시간도 함께 기입하자. 자신의 작업 견적을 알 수 있어 이후 대책을

1씨앗당 종이 1장을 활용한 정기 행사 매뉴얼 만들기

아침 모임	업무 전 할 일 (~9:00)	
할 일	구체적으로 할 일	담당자
스타벅스에서 커피	스타벅스에서 음료 사 오기&음료 세팅	
현장 운영	원상 복귀 할 수 있도록 사진 촬영해 두기 앞에 스툴 3개 준비 모든 의자에 일정 비치 회의실에 물품 보관실 및 수유실(의자 1개 비치) 마련	
케이터링 준비	8:30에 도착 예정인 뷔페 업체에 대금을 지불하고 접수처에 세팅	
책 진열	눈에 잘 띄는 곳에 책 진열	
3층 승강기 앞 안내	승강기가 오면 안내 화장실 위치 안내	
접수	접수 후 주먹밥 제공 희망자에 한해 확인증 제공(개별 대응 가능하므로 설명)	
커피&자리 안내	접수 완료 후 커피 제공&앞쪽부터 자리 안내	
긴급 상황 시 전화 대응	휴대폰으로 온 전화에 대응	

마련하는 데 도움이 된다.

예를 들어 소속 팀에서 정기적으로 여는 행사가 있다면 누가 담당하든 똑같이 진행할 수 있도록 구체적인 매뉴얼을 만들어 두는 작업도 씨앗 심기에 해당한다. 이때 '소요 시간'란은 '담당자'로 바꾸어 응용할 수 있을 것이다.

오늘의 과제를
전부 세분화해라

'하루의 과제를 전부 세분화하는 일을 1시간 만에 어떻게 끝내지? 말도 안 돼!'라고 생각할지도 모르겠다. 하지만 걱정할 필요 없다. 과제를 세분화하는 목적은 구체적인 행동으로 실천하기 위해서다. 즉 이미 숨 쉬듯 익숙하게 하고 있는 일은 굳이 세분화할 필요가 없다. 씨앗 심기 과제 중 세분화가 필요한 일은 다음과 같다.

· 더 좋은 방법이 없을지 고민하지만 개선하지 않는 일

- 생활의 일부가 되었으면 하는 일
- 새롭게 도전하고 싶지만 망설이는 일
- 아직 체계가 없어 시작하지 못하는 일
- 좀 더 시간을 절약할 수 있는 일

즉 '중요하다는 것은 알지만 착수하지 못해 답답했던' 씨앗 심기만 분해하는 것이다. 오늘의 씨앗 심기 과제를 찾고 세분화하는 것은 누구에게나 어려운 일이므로 자주 묻는 질문으로 정리한다. 고민되는 지점이 있다면 아래 FAQ 형식으로 정리한 내용을 참고해 해결해 보자.

씨앗 심기인 '빨강'이 안 보인다

Q. 하루의 할 일을 색상으로 분류해 보았는데 수확하기(초록), 솎아 내기(파랑), 묻어 두기(검정)만 있을 뿐 씨앗 심기(빨강)는 하나도 없어서 어이가 없었습니다. 내 하루는 무엇이었나 싶어서요. 씨앗 심기가 안 보이면 어떻게 해야 하나요?

A. 씨앗 심기(빨강)는 기본적으로 다른 색보다 적습니다. 따라서 너무 걱정할 필요 없습니다.

비율을 보면 대체로 수확하기(초록)가 70퍼센트, 그 외 색상이 10퍼센트이며 씨앗 심기(빨강)가 하나도 없는 것처럼 보이는 날도 있습니다. 하지만 이를 너무 가볍게 여기면 씨앗 심기 과제를 놓치는 경우가 생깁니다. 아침 1시간을 통해 아주 작은 씨앗 심기 하나도 놓치지 않도록 합시다.

또 '오늘 하루의 씨앗 심기를 찾겠다'라는 생각으로 하면 좀처럼 적기가 힘들지만 다음 주, 다음 달, 내년 등 장기적인 희망 사항을 찾다 보면 다양한 씨앗 심기(빨강)가 보일 것입니다. 참고로 빠른 수확하기(초록)를 위해 순서를 정하는 작업도 씨앗 심기(빨강)에 해당합니다. 씨앗 심기를 도저히 찾기 힘들 때는 이 작업부터 시작해 보세요.

메일 확인은 무슨 색인가?

Q. 외국 회사와 일하는데 시차가 있어서 아침에 온 신규 메일을 확인하지 않으면 애초에 업무의 색상 분류가 불가능합니다. 메일 확인은 수확하기(초록)와 씨앗 심기(빨강) 중 어디에 해당하나요?

A. 메일로 오전 중의 정보를 입수하는 것은 그날의 업무 전략을 세우는 데 중요하므로 씨앗 심기로 봐도 무방합니다.

그러나 메일에도 바로 처리해야 할 것과 그렇지 않은 것이 있습니다. 따라서 색상 분류가 어렵지 않다면 메일 내용도 색상으로 판단해 보세요. 상황에 따라 메일 처리에 걸리는 시간은 다르겠지만 자신의 기준에 따라 시간을 정해 놓으면 더욱 신속하게 처리할 수 있습니다. 아무런 방해도 없는 아침 1시간에 씨앗 심기 작업을 진행해야 하는 이유가 여기에 있습니다.

- 메일 내용을 훑어보며 긴급도와 중요도를 판단한다.
  → 씨앗 심기인 빨강(15분)
- 처리 방법을 분류한다. → 씨앗 심기인 빨강(20분)
- 각각 처리한다. → 수확하기인 초록(20분)

매일 수확하기(초록) 업무에 쫓긴다

Q. 회사 업무가 대부분 수확하기(초록)에 해당해서 늘 일에 쫓깁니다. 빨리 씨앗 심기(빨강)로 들어가고 싶은데 순식간에 일이 쌓여 중요한 일에 착수할 수가 없습니다.

A. 누구에게나 생길 수 있는 고민입니다. 일정 기간의 수확하기를 전체적으로 재검토해서 다시 분류하는 과정을 계획표에 넣으

세요. 수확하기를 재검토하는 작업이 씨앗 심기(빨강)에 해당합니다. 저는 '모닝 루틴 수첩'에 있는 '이달의 재검토 시트'를 활용합니다.

- 연락하고 싶은 사람
- 진행하고 싶은 프로젝트
- 앞으로 하고 싶은 일
- 제출할 과제
- 읽고 싶은 책이나 자료
- 기타 관심사

수첩에서 이 목록을 다시 확인해서 월말에 정리하고, 한 달간 안 해도 지장이 없었던 일은 과감하게 제외합니다. 문제가 생기면 다시 집어넣으면 되지만 대개는 별문제가 없습니다.

옷 정리를 할 때 두 계절 이상 입지 않은 옷은 버려도 지장이 없듯이 쌓여 있는 수확하기(초록)도 전부 처리해야 할 일은 아닐 것입니다. 시간이 흐르면 묻어 두기(검정)로 내려가는 일도 있으니 한 달 주기로 정리해 보세요. 심리적 부담을 덜 수 있습니다.

1
January
이달의 재검토 시트

이달의 과제 재검토

과제   과제 완수 시의 보상

다음 달의 (전략적으로 보류하는) 위시 리스트

연락하고 싶은 사람

진행하고 싶은 프로젝트

앞으로 하고 싶은 일

제출할 과제

읽고 싶은 책 / 자료

기타

이달의 재검토 메모

월말에 끝내지 못한 일을 정리해서 다음 달로 넘길 것만 남긴다

수확하기(초록)와 씨앗 심기(빨강)의 구분이 모호하다

Q. 수확하기(초록)와 씨앗 심기(빨강)의 구분이 애매할 때가 많습니다. '긴급성'의 정의가 사람마다, 상황에 따라 달라서인 것 같은데 어떻게 구분해야 할까요?

A. '긴급성'은 사람마다, 상황에 따라 달라서 수확하기와 씨앗 심기의 구분이 모호해질 수밖에 없습니다.

오늘은 씨앗 심기(빨강)였던 일이 내일은 수확하기(초록)가 될 수 있습니다. 수확하기(초록)는 긴급하고 중요한 일인 만큼 서둘러야 할 것 같은 부담감이 들지만 뿌린 씨앗이 여물어 거두어들이는 것이니 긍정적으로 생각하세요. 둘의 구분이 모호한 이유는 대부분 자신의 지향점(워크&워크, 워크&사이드잡, 워크&인베스트, 워크&프라이빗)이 모호하기 때문입니다. 먼저 자신의 지향점을 정확히 파악합시다.

사실 색상 분류의 핵심은 정확성이 아니라 수확하기(초록)와 씨앗 심기(빨강)를 즉시 판별해 내는 능력입니다. 그러므로 그 순간의 판단을 믿고 분류하면 됩니다. 색상으로 분류해 두면 판단이 잘못되었을 때도 나중에 다시 검토할 수 있도록 사고 과정을 가시화할 수 있습니다.

그래도 긴급한 일을 판단하는 감각이 모호해서 걱정되면 자기만의 규칙을 설정해 보세요. 이를테면 '3일 이내에 할 수 있는 일은 수확하기(초록)', '그 이상 걸리는 일은 씨앗 심기(빨강)'와 같이 구체적인 숫자로 설정하는 것입니다.

씨앗 심기(빨강)에 다른 색이 섞여 버린다

Q. 씨앗 심기(빨강) 과제를 분해해 보면 우선적으로 처리해야 할 일은 필연적으로 긴급성이 높습니다. 이 경우 씨앗 심기(빨강)에 다른 색이 섞이는데 괜찮을까요?

A. 씨앗 심기(빨강) 과제를 분해하면 수확하기(초록)나 솎아 내기(파랑)가 섞여 나옵니다. 작업 목록 전체로 보면 알록달록한 목걸이 형태라 할 수 있습니다(이만큼 잘게 분해하는 것이 가장 바람직하나 처음에는 혼란스러울 수 있으므로 꼭 그렇게 할 필요는 없습니다). 아침 1시간에 추천하는 할 일 분류는 넓은 의미의 씨앗 심기(빨강)이므로 구체적인 작업은 수확하기(초록)나 솎아 내기(파랑)에 해당되어도 관계없습니다.

경쟁사에 대한 자료 조사는 무슨 색으로 분류해야 할까?

Q. 홈페이지를 보고 경쟁사에 대해 조사하는 일은 무슨 색으로 분류하나요?

A. 크게 보면 신규 사업 개척을 위한 투자이므로 씨앗 심기(빨강)이지만 핵심을 못 잡고 시간만 보내면 묻어 두기(검정)가 될 가능성이 있습니다. 할 일을 순서대로 적고 세분화하는 것이 중요합니다. 예를 들면 다음과 같습니다.

- 경쟁사의 어떤 정보를 찾을지 결정한다(씨앗 심기인 빨강).
- 비교표를 만든다(씨앗 심기인 빨강).
- 특정 키워드로 검색하여 정보를 찾는다(잡무이지만 조사를 해야 일이 시작되므로 솎아 내기인 파랑).
- 비교표를 채운다(채우기는 누구나 할 수 있으므로 묻어 두기인 검정).

업무 중 발생하는 급한 상담은 어떤 색인가?

Q. 근무 중에 발생한 업무 상담은 긴급도가 높으니까 수확하기(초록)인가요? 아니면 솎아 내기(파랑)나 묻어 두기(검정)인가요?

A. 업무 상담은 상대방 입장에서는 수확하기(초록)이지만 자신이 어떻게 느끼느냐에 따라 솎아 내기(파랑)나 묻어 두기(검정)가 될 수도 있습니다. 이 분류의 목적은 일을 통해 성취감과 만족감을 얻는 것이므로 '자신의 느낌'에 따라 분류하면 됩니다.

예를 들어 사전에 준비가 철저했다면 발생하지 않았을 클레임이 발생하여 급히 처리하게 되었다고 합시다. 이 경우 불필요한 일을 두 번이나 해야 한다는 점에서는 솎아 내기(파랑)일 수도 있습니다.

앞에서 말한 대로 색상 분류의 핵심은 분류의 정확성이 아니라 즉시 판별해 내는 능력에 있습니다. 따라서 그 순간 생각한 대로 분류하면 됩니다.

끝내지 못한 일은
'전략적'으로 보류해라

Q&A에서도 소개했지만 씨앗 심기(빨강)로 넘어가려 해도 수확하기(초록)가 쌓여 있어 스트레스를 받는 경우가 있을 것이다. 따라서 매주, 매월, 3~6개월에 한 번씩 자신의 과제를 파악해야 한다. 계속 미루는 일, 좀처럼 시작하지 못하고 있는 일, 꼼꼼히 준비해서 시작하고 싶은 일 따위를 적어 보자.

다음은 아침 1시간 할 일 목록 쓰기에도 적용하는 항목이다. 이것을 일주일에 한 번 재검토하는 시간을 갖는다. 나는 월요일 아침마다 모닝 루틴의 절반을 이 작업에 할애하고 있으며 이때

'모닝 루틴 수첩'의 '위시 리스트'란을 활용한다.

- 연락하고 싶은 사람
- 진행하고 싶은 프로젝트
- 앞으로 하고 싶은 일
- 제출할 과제
- 읽고 싶은 책이나 자료

일주일 후에 보면 해결한 일도 있고 전혀 진척이 없는 일도 있을 것이다. 이 단계에서 일단 다음 주로 넘길지 말지 판단한다. 다음 주로 넘기지 않아도 지장이 없는 일은 깔끔하게 중단한다.

미루기로 했다면 마무리하지 못했다고 해서 실망하지 말고 라벨을 '전략적 보류'로 바꿔 다음 주 할 일 목록에 집어넣자. 한 달 후 같은 방법으로 모든 작업을 다시 파악한다. 이 과정을 통해 끝내지 못한 일에 대해서도 심리적 부담을 느끼지 않고 보다 중요한 일에 집중할 수 있다.

1
January

이번 주의 테마

이번 주의 위시 리스트

연락하고 싶은 사람

진행하고 싶은 프로젝트

앞으로 하고 싶은 일

제출할 과제

읽고 싶은 책/자료

	Monday		Tuesday		Wednesday	
	18		**19**		**20**	
	잠들기 전 할 일 목표 : 실행		잠들기 전 할 일 목표 : 실행		잠들기 전 할 일 목표 : 실행	
	기상 시간 목표 : 실행		기상 시간 목표 : 실행		기상 시간 목표 : 실행	
	수면 시간 목표 : 실행		수면 시간 목표 : 실행		수면 시간 목표 : 실행	
	컨디션 Bad 1 2 3 Good 4 5		컨디션 Bad 1 2 3 Good 4 5		컨디션 Bad 1 2 3 Good 4 5	
	오늘의 점수		오늘의 점수		오늘의 점수	
	목표	실행	목표	실행	목표	실행
4:00						
5:00						
6:00						
7:00						
8:00						
9:00						
	일과 종료 목표 시간		일과 종료 목표 시간		일과 종료 목표 시간	
	취침 목표 시간		취침 목표 시간		취침 목표 시간	
	아침 3줄 일기		아침 3줄 일기		아침 3줄 일기	
	획득 포인트		획득 포인트		획득 포인트	

월요일마다 지난주 항목을 재검토하고 필요하다면 내용을 옮기거나 추가한다

1

January

이달의 재검토 시트

이달의 과제 재검토

과제	과제 완수 시의 보상

다음 달의 (전략적으로 보류하는) 위시 리스트

연락하고 싶은 사람

진행하고 싶은 프로젝트

앞으로 하고 싶은 일

제출할 과제

읽고 싶은 책 / 자료

기타

이달의 재검토 메모

월말에 끝내지 못한 일을 정리해서 다음 달로 넘길 것만 남긴다

완수하지 못한 과제에 연연하지 마라

성실한 사람일수록 업무를 맺고 끊는 데 서툴러 야근을 하거나 할 일 목록을 꽉 채우는 경향이 있다. 이런 사람에게는 앞에서 설명한 '전략적 보류'를 제안한다.

할 일 분류의 요령 중 하나는 '끝내지 못한 일'에 연연하며 위축되지 않는 것이다. 매번 끝내지 못하는 일이 있다면 뭔가 다른 원인이 있을지 모른다. 어쩌면 진짜 하고 싶은 일이 아닐 수도 있고 실상은 필요 없는 일(묻어 두기인 검정)일 수도 있다. 끝내지 못한 일 때문에 찜찜해하면서도 해결책을 마련하지 않을 바에야 차라리 불필요한 일이라 생각하고 깔끔하게 중단하자.

도저히 중단할 수 없거나 중단하기 싫은, 아직 성공의 여지가 있는 일은 '전략적 보류'로 이름을 바꾸어 다시 도전한다.

'미완성 리스트'라는 제목으로 내용을 적다 보면 매달 생각만 하고 실행하지 않은 일, 안 해도 문제없는 일까지 써넣기 마련이다. 그러나 '전략적 보류 목록'으로 이름을 바꾸면 그러한 일을 과감히 버릴 수 있다. 이 과정을 통해 일을 끝내지 못했다는 자책에서 벗어나 '보다 중요한 일에 집중하고 그 다음 순위는 다음 달로 미루자!'라는 생각으로 다시 시작하게 된다. 이 방식은 시카고대학교에서 연구 중인 강점 탐구 이론appreciative inquiry 이라는 조직 개발 이론과 같다. 실제로 행동 자체의 라벨을 바꿈으로써 행동이 좋은 방향으로 바뀐다는 연구 결과도 있다고 한다.

처음에는 80퍼센트 달성을 목표로 해라

차음부터 완벽하게 할 일을 분류하려고 하면 하루만 못 해도 쉽게 포기하게 된다. 우선은 80퍼센트를 목표로 하자.

- 일주일 동안 노력해 보고 다 못 했을 경우 주말에 만회할 수 있는 양으로 정한다.
- 일주일, 한 달 단위로 할 일을 재검토하고 필요하면 '전략적으로 보류'한다.

이것이 의욕을 유지하는 요령이다. 이 방법으로 '평일에는 어렵지만 주말에 열심히 하자!', '이번 주는 힘들지만 다음 주에 열심히 하자!' 하고 마음을 다잡으며 의욕적으로 시작할 수 있다. 우선은 일주일 단위로 시작해 보자.

마인드맵과 간트 차트를
주기적으로 활용해라

매일 실천하는 아침 1시간 할 일 분류는 눈앞의 일을 차곡차곡 쌓아 가는 방식이다. 그러나 거기서 그치면 어느 순간 전체상을 잊어버리게 된다.

예를 들어 다이어트, 어학 공부, 블로그 업로드, 자격시험 공부, 세미나 수강 등은 매일 꾸준히 하는 것이 중요하다. 그런데 꾸준히 하다 보면 어느새 수단과 목적을 혼동하여 누구를 위해, 무엇 때문에 그 일을 하는지 모호해진다.

아침 1시간 할 일 분류도 마찬가지다. 너무 거기에만 집중하면 상황의 변화를 깨닫지 못하고 할 일 목록을 정리하는 데 급급하여 수단과 목적을 혼동하게 된다. 이를 방지하려면 3~6개월에 한 번씩 '마인드맵'과 '간트 차트'를 사용해서 계획을 조감하는 것이 좋다.

마인드맵이란 영국의 저술가 토니 부잔이 주창한 생각 정리법으로 키워드와 이미지를 가운데 두고 방사형으로 확장하여 연결하는 방법이다. 자세한 방법은 《토니 부잔의 마인드맵 북》을 참고하기 바란다. 나는 가운데에 비전을 놓고 앞으로 해야 할 일을 방사형으로 확장한다.

이렇게 하면 '누가', '무엇을', '언제까지', '어떻게'가 명확해지는데 이를 바탕으로 간트 차트를 작성한다. 간트 차트는 공정관리에 쓰이는 표의 일종인데 아마 직장인들에게는 익숙할지도 모르겠다. 3~6개월을 한눈에 볼 수 있는 수첩이 있으면 그것으로 대체해도 된다.

마인드맵으로 사고를 확장한 후 구체적인 계획을 간트 차트로 정리하면 아침 1시간의 할 일 목록 관리를 한눈에 파악할 수 있어서 수단과 목적을 혼동하는 일을 방지할 수 있다.

'마인드맵 → 간트 차트 → 모닝 페이지 → 아침 1시간 씨앗 심기'의 순서로 과제가 세분화된다. 기본적으로 아침 1시간을 매

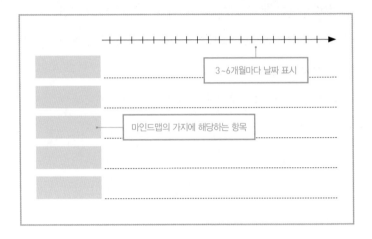

마인드맵의 가지를 간트 차트에 넣는다

3~6개월마다 날짜 표시

마인드맵의 가지에 해당하는 항목

일의 습관으로 삼으면서 큰 흐름을 주기적으로 파악하고 싶을
때 이 방법을 활용해 보자.

'역산 사고'가 더 나은 인생을 방해한다

이 장에서 설명한 아침 1시간 할 일 분류 방법은 처음에 목표를
정하고 계획을 진행하는 '역산형'이 아니라 눈앞의 일을 쌓아
올리는 '적재형'이다.

　더 나은 인생을 만들고자 할 때 때로는 역산 사고가 그 꿈을

방해한다. 물론 앞에서 말했듯이 3~6개월 단위, 1년 단위로 목표를 조감하는 일은 필요하다. 하지만 그 이상의 치밀한 계획은 필요 없다. 너무 꼼꼼하게 역산해서 계획을 세우면 거기에 얽매여 더 나은 미래로 나아갈 기회를 놓칠 수 있다.

3년 후, 5년 후에 지금 다니는 회사가 어떻게 될지조차 알 수 없는 시대에 미래를 정확히 예측하는 것은 불가능하며 지금보다 노련함과 분별력을 갖추었을 미래의 자신이 과거에 세운 치밀한 계획에 휘둘리는 일은 없어야 한다.

스탠퍼드대학교 존 크럼볼츠 교수는 '계획된 우연 이론'planned happenstance theory을 제창했다. 그에 따르면 경력의 80퍼센트는 우연히 형성된다고 한다. 우연히 다가온 기회를 어떻게 잡느냐가 미래를 좌우하는 것이다. 삶의 우선 과제나 처한 상황에 따라 바뀌는 자신의 지향점을 확인하고, 한 가지 지향점에 축을 둔 채 또 다른 지향점에 다리를 걸치면서 유연하게 계획을 세워보자.

제3장

후반 30분,
내가 꿈꾸는 미래를
준비하는 시간

'글로 적지 않아도 되는 것'까지
모두 목록화해라

제2장에서는 전반 30분 동안 오늘의 일과를 분류하는 법에 대해 설명했다. 이 장에서는 난관에 대처하는 법 그리고 커리어는 물론 미래까지 좌우하는 씨앗 심기를 어떻게 목록화하는지 설명한다.

아침 1시간의 할 일 분류가 생각대로 안 돼서 의욕이 떨어질 때가 있다. 대개 할 일의 '크기'가 클 때 생기는 현상이다. 그럴 때는 '글로 적지 않아도 할 수 있는 것'을 목록화해 보자. 어떻게 하면 할 일을 세분화할 수 있는지 알 수 있다.

예를 들어 '집안 정리'를 분해해 보자.

- 거실을 치운다.
- 부엌을 치운다.
- 서재를 정리한다.
- 욕실을 청소한다.
- 아이 방을 치운다.
- 옷장을 정리한다.

장소를 축으로 분해하면 목록이 6개로 늘어난다. 여기서 내가
할 수 있는 일을 알 수 있으므로 진척 상황을 가시화할 수 있다.
이번에는 '정리'를 더욱 잘게 분해해 보자.

- 필요 없는 물건을 버린다.
- 어질러진 물건을 제자리에 놓는다.
- 청소기를 돌린다.
- 걸레질을 한다.

정리 방법을 기준으로 분해하면 '집안 정리'의 목록은 최소한

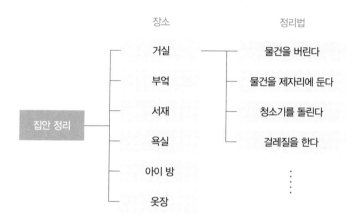

과제를 잘게 세분화한다		
	장소	정리법
집안 정리	거실	물건을 버린다
	부엌	물건을 제자리에 둔다
	서재	청소기를 돌린다
	욕실	걸레질을 한다
	아이 방	⋮
	옷장	

장소 축 6 × 정리법 축 4 = 24개가 넘는다.

이처럼 목록을 세분화하면 하나 이상은 무조건 완수할 수 있다. 이 방법을 통해 성공률을 계산할 수 있고 성공한 일과 실패한 일의 원인도 분석할 수 있다. 또한 성공한 과제를 지우면서 느끼는 성취감 덕분에 자존감도 높아진다.

의욕이 없을 때는 '글로 적지 않아도 아는 사소한 것'도 주저 없이 적는 것이 중요하다.

나름의 청소 규칙이 있어서 굳이 쓸 필요 없는 내용이라도 성취감을 위해서라는 생각으로 써 보자. 하나라도 완수하면 '작업 진행 중'이라는 것을 실감하며 전진할 수 있고 내용을 기억하기 위해 머리를 쓸 필요도 없어진다. 꼭 실천해 보기 바란다.

통제할 수 있는 고민과
할 수 없는 고민을 분류해라

제2장에서 설명한 대로 우선순위는 자신의 지향점(워크&워크,
워크&사이드잡, 워크&프라이빗, 워크&인베스트)에 따라 바뀐다.
그런데 어떤 유형을 목표로 할 것인지, 장차 어떻게 되고 싶은
지 아직 모호한 사람도 많을 것이다.

자신이 '통제할 수 있는 일'에 주목하여 우선순위를 매기면 이
러한 상황에서 벗어날 수 있으며 그것이 씨앗 심기가 된다. 머
릿속의 불안감을 일단 밖으로 꺼내 가시화해서 고민과 스트레
스를 분류하자.

순서는 다음과 같다.

① '1주제 1포스트잇'으로 고민과 불안의 원인을 적는다.

② 가로축은 '시간', 세로축은 '해결 가능성'으로 이루어진 표를 만들어 ①의 고민을 분류한다.

③ 자신의 힘으로 해결할 수 없는(통제 불가능한) 고민은 더 이상 고민하지 말고 자신의 힘으로 해결할 수 있는(통제 가능한) 고민에 주목하여 단기적인 것부터 하나씩 해결책을 생각한다.

이때 머리에 떠오른 내용을 순서나 고민의 크기에 상관없이 불안감이 사라질 때까지 포스트잇에 쏟아 내는 것이 중요하다.

예를 들면 다음과 같이 일과 사생활의 구분 없이 자유롭게 써 보자.

· 내가 책임질 일은 남에게 못 맡긴다.

· 회사가 도산할지도 모른다.

· 지난달에 저지른 업무상의 실수 때문에 트라우마가 생겼다.

- 회사에서 정리해고를 당할까 봐 걱정된다.
- 남자 친구가 계속 안 생길까 봐 걱정된다.

그리고 130쪽과 같이 포스트잇을 붙인다. 이렇게 하면 고민의 크기나 시간축 등이 눈에 보인다. 이 작업의 장점은 머릿속에서만 맴돌고 해결책이 안 보이는 문제를 한 걸음 떨어져서 볼 수 있다는 점이다.

우리는 이미 저지른 실수를 자꾸 후회하고, 일어나지 않은 일을 걱정하고, 자기 힘으로 해결할 수 없는 고민 때문에 한숨을 쉴 때가 많다.

예를 들어 동료가 나보다 먼저 출세했다고 속을 끓여 봤자 그 사실은 변하지 않는다. 그렇다면 끙끙 앓고 있을 시간이 없다는 결론을 내리고 동료의 출세 비결을 분석하는 편이 낫지 않을까. 그러면 훼방, 질투 등의 부정적인 행동과도 멀어질 수 있다.

이처럼 머리로는 이해하지만 감정 정리가 안 되는 일도 아침 1시간을 통해 깔끔하게 정리한 후 앞으로 나아가는 힘으로 바꿀 수 있다. 물론 천재지변이나 경기 동향 같은 능력 밖의 일에도 대비해야 하지만 해결 가능한 문제에 주력하고 눈앞의 일에 최선을 다한다는 마음가짐을 갖는 것이 중요하다. 이를 위해 주

고민과 스트레스를 가시화해서 통제 가능 여부를 분류한다					
	불안	해결책	불안	해결책	불안	해결책

통제 가능 여부	가능	할 일이 많아서 바쁘다	할 일을 일이 적어서 파악한다	상사에게 인정받지 못한다	인정받는 사람을 분석 해서 강점을 연구한다	이성을 만날 기회가 없어 결혼 가능성이 불투명하다	소개팅에 적극적으로 나간다
	불가능	지난주 프레젠테이션을 망쳤다		동료가 나보다 먼저 출세했다		회사에 도산 조짐이 보인다	
		단기		중기		장기

불안의 시간축

기적으로 이 작업을 실천해 보았으면 한다.

가로축이 시간축으로 되어 있으니 손대기 쉬운 단기적 문제부터 해결책을 생각해 보면 서서히 머릿속이 정리될 것이다. 그 기세를 몰아 중장기적 문제도 해결해 보자.

콤플렉스 속에 숨은
강점을 찾아라

'지금 있는 직장에서는 능력을 발휘할 수 없다', '원했던 일이 아니다'라는 생각에 빠지면 어떤 지향점에 따라 우선순위를 매기면 좋을지 혼란스러울 수 있다. 이때 다음 두 가지 씨앗 심기를 실행해 보자.

- 자신의 콤플렉스를 글로 적는다.
- 잘하는 일을 적고 주위에서도 인정하는지 확인한다.

자신의 콤플렉스를 글로 적어라

콤플렉스를 글로 적는 것은 오히려 거기에 강점과 가치가 숨어 있는 경우가 많기 때문이다. 소위 '○○ 전문가'라고 불리는 사람들은 ○○을 잘해서가 아니라 못한다고 생각하기 때문에 그것을 체계화하고 연구한 경우가 많다. 인기 비결을 가르치는 사람은 인기가 없었기 때문에 필사적으로 인기인을 연구한 것이며, 나도 일찍 일어나지 못했기 때문에 수많은 연구 끝에 '모닝 루틴'을 알리고 있는 것이다.

내 주변에는 가르치는 일을 하는 사람이 많다. 타인의 마음을 헤아리는 데 서툴러서 배려하는 화법을 가르치게 된 사람, 공인회계사 시험에 한 번도 못 붙었지만 끈질기게 시험을 분석하여 인기 강사가 된 사람도 있다. 처음부터 잘하는 사람은 고생 없이도 저절로 잘되기 때문에 잘하는 방법을 체계화할 수 없다. 반면 '못하지만 잘하고 싶다'라는 생각이 있으면 잘하게 되기까지의 과정을 체계화할 수 있다.

따라서 콤플렉스는 나쁜 것이 아니며 오히려 거기에 몰두하게 되기 때문에 당신의 강점이 될 수 있다.

콤플렉스는 강점의 또 다른 얼굴이라는 점을 이해하면 갈등이나 슬럼프에 냉정하게 대처할 수 있다. 콤플렉스에 대한 관점이 바뀌기 때문에 어떤 일이 일어나도 즐거워진다.

당신에게는 대수롭지 않은 능력이 누군가에게는 대단한 능력일 수 있다. 당신에게도 분명 강점으로 만들 수 있는 부분이 있을 것이다. 곰곰이 생각해 보고 반드시 글로 적어 보기 바란다.

나의 장점을 글로 적고 주변에서도 인정하는지 확인해라

당신이 잘하는 일을 글로 적고 주위에서도 인정하는지 확인해 보자.

새벽 4시에 일어나는 일은 나에게는 너무 오래된 습관이라 내가 남들과 다르다는 것을 느끼지 못하고 있었다. 어느 날 점심시간에 별생각 없이 새벽 4시에 일어난다는 이야기를 했더니 사람들의 눈빛이 바뀌면서 "그럼 몇 시에 자는데?", "왜 4시에 일어나?", "어떻게 하면 일어날 수 있어?" 하고 질문이 쏟아졌다. 그 내용이 흥미롭다는 말에 용기를 얻어 《새벽형 인간》을 출판하기로 결심했고 지금까지 모닝 루틴 컨설팅을 하게 되었다.

이처럼 자신은 너무 당연해서 말하지 않았던 것이 타인에게는 대단한 일로 비칠 수 있다.

다만 자신의 강점은 스스로 깨닫기 어렵다. 그러므로 내가 잘

한다 싶은 부분이 있다면 주위에 이야기하고 반응을 살피자.

이때 인정의 지표가 되는 것은 '대단해!'라는 반응의 횟수다. 그동안 당연하게 해 왔던 일 열 가지를 적고 각각 '대단해!'라는 반응의 횟수를 비교하여 자신의 강점을 찾아 보자. 페이스북의 '좋아요'나 트위터의 리트윗 횟수로 비교하는 것도 괜찮은 방법이다.

아침 1시간의 씨앗 심기로 내 강점을 써 보면 자신에 대한 고정관념과 오해에서 해방된다. 주기적으로 시간을 내서 꼭 실천해 보기 바란다.

5W2H로 꿈을
구체화해라

워크&워크, 워크&사이드잡, 워크&프라이빗, 워크&인베스트 중 무엇을 지향하든 자신이 꿈꾸는 미래의 모습을 상상하는 것이 씨앗 심기에 해당한다.

또한 그 생각이 '공상'으로 끝날지 구체적인 '예정'으로 바뀔지는 5W2H에 따른 목록화가 가능한가 아닌가에 달렸다. 5W2H란 언제When, 어디서Where, 누가Who, 무엇을What, 어떻게How, 왜Why, 얼마나How much에 따른 사고법이다. 업무 중에 자주 접해 보았을 것이다. 이것을 개인적인 상상에 활용해 보자.

예를 들어 이런 상상을 한다고 가정해 보자.

- 외국의 해변가 리조트에 별장을 소유한 당신이 베란다에서 멋진 노을을 배경으로 한가로이 맥주를 마시며 좋아하는 책을 읽고 있다.
- 다이어트에 성공하여 그동안 못 입었던 몸매가 두드러지는 옷을 입고 당당히 번화가를 활보한다. 이때 자신이 걸친 옷의 감촉, 기분 좋게 느껴지는 향기, 먹고 있는 고급 레스토랑의 메뉴나 맛까지 마치 현실이 된 것처럼 구체적으로 상상해 보자.

즐거운 미래를 상상하며 기분이 한껏 좋아지면 이어서 구체화 작업에 들어간다. '해변가 리조트 별장에서 편안히 쉬려면'을 5W2H에 따라 더욱 구체화하면 다음과 같다.

- 세계지도를 펼치거나 인터넷으로 조사해 해변 리조트 후보지를 찾는다. → Where
- 그 리조트가 좋은 이유를 생각한다. → Why
- 몇 년 후에 그곳에 별장을 장만할지 생각한다. → When

- 그때쯤 누구와 함께할지 생각한다. 가족을 이루었는가? 친구라면 누구? → Who
- 그 리조트에 별장을 사려면 얼마가 필요한지 생각한다. → How much
- 현실과 목표의 간극을 메우기 위해 지금부터 할 수 있는 일을 생각한다. → How
- 별장을 소유하는 데 비현실적인 비용이 든다면 다른 방법 (1년에 몇 달만 빌리는 방법 등)은 없는지 생각한다. → How

5W2H로 세분화하는 과정에서 감이 잡히지 않아 막히는 부분이 생긴다. 막다른 곳을 인식할 수 있다면 행운이다. 문제 해결 방법을 더욱 심도 깊게 생각할 수 있다는 뜻이기 때문이다. 그 수준까지 파고든다면 상상이 현실이 될 확률은 매우 높아진다.

이렇게 계획을 완성한 후 'How'를 더욱 세분화하여 할 일 목록을 만들면 비로소 꿈을 향해 나아가는 계기가 마련된다. '상상 → 5W2H'를 아침 1시간의 모닝 루틴으로 만들면 막연한 꿈이 구체적인 계획의 형태를 띠게 되고 주위에 적극적으로 알릴 수 있게 된다.

'이렇게 떠벌려 놓고 아무것도 못 이루면 창피해서 어쩌지?',

'실패하면 어떡하지?' 이러한 걱정 때문에 정말 하고 싶은 일을 마음속에 담아 두기만 하면 모처럼의 기회를 놓치고 만다.

자신의 꿈을 입 밖에 내는 것은 분명 용기가 필요한 일이다. 하지만 시간을 투자해서 내 꿈을 꼼꼼히 분석하고 구체화하는 일은 결코 부끄러워할 일이 아니다. 만약 실패하더라도 5W2H 에 따라 다시 계획을 세우면 된다. 아침 1시간은 매일 온다. 언제, 어디서나 시작할 수 있다.

아침 독서만큼 효과적인
씨앗 심기는 없다

아침 독서는 지향점이 무엇이든 모두에게 효과적인 씨앗 심기다. 아침 독서의 장점은 크게 두 가지다.

- 외부의 방해가 없어 오롯이 집중할 수 있다.
- 책에서 얻은 지식을 바로 실천할 수 있다.

나는 맑은 머리로 독서에 집중한 후 습득한 지식을 바로 업무에 활용한 경험이 있다. 밤에 책을 읽고 '오호, 그렇군. 시도해 봐야지' 하고 생각한 것은 다음 날 아침이면 새까맣게 잊어버리기 일쑤다. 아침마다 정해진 시간에 독서를 하면 집중력을 발휘할 수 있고 그 상태에서 곧장 마음먹은 일을 실천할 수 있다. 책에서 얻은 지식을 지체 없이 활용하여 다양한 기술을 습득할 수 있는 것이다.

또한 다양한 정보도 얻을 수 있다. 예를 들어 아침에 읽은 잡지에 사무실 근처 맛집 정보가 실려 있으면 그곳을 점심 장소로 정하는 식이다. '언젠가는'이 아니라 '오늘' 가기로 결정함으로써 새로운 맛집 데이터가 축적된다. 이 또한 소소한 즐거움 아닐까.

다만 장르는 가리는 것이 좋다. 아침 독서에 적합한 책과 그렇지 않은 책이 있기 때문이다. 예를 들어 로맨스 소설이나 추리 소설처럼 흥미진진한 장르는 밤에 와인이나 허브차를 마시며 천천히 즐기는 편이 낫다. 밤에는 내 감정을 어루만지는 내용, 응용에 시간이 걸리는 내용을 추천한다. '이건 뭘까?', '나라면 어떻게 할까?' 하며 자기 자신과 대화를 즐기는 것도 좋다. 독서 후 잠자리에 누우면 감정이 정리되면서 성숙해지는 기분을 맛볼 수 있다.

반대로 아침에는 바로 응용할 만한 내용, 행동으로 옮길 수 있을 만한 정보를 읽는 것이 좋다. 신속한 일 처리를 위해 엔진

	바로 응용할 수 있다	응용에 시간이 걸린다
음미하며 읽는다	자격시험 문제집	개념/사상에 관한 책
훑어 읽는다	방법론에 관한 책/잡지	전기/소설
	아침 독서에 적합	밤 독서에 적합

을 예열하는 차원에서 방법론에 관한 책을 읽거나 가벼운 잡지,
만약 공부 중이라면 시험 문제집을 읽는 것도 좋다(단, 졸린 상태
에서는 필기도 함께 하기를 권한다).

이처럼 독서는 목적에 따라 그 방법과 응용 형태가 달라진다.

자기 객관화를
연습해라

워크&워크 지향은 아침 1시간에도 일을 할 때가 많을 것이다. 이 유형에게 추천하는 씨앗 심기가 바로 '자기비판'이다. 즉 프레젠테이션 자료, 회사 제출 자료의 문제점을 스스로 파악하는 작업이다.

이 같은 문서는 좀처럼 시작하기 힘들거나 반대로 의욕이 너무 앞서 산만해지기 일쑤다. 그럴 때 문서를 작성하면서 고칠 부분도 함께 적어 자기비판을 해 보는 것이다. 나는 기사나 책을 집필할 때 항상 이 방법을 실천한다. 구체적으로는 다음과 같다.

집필 중에 논리적 비약을 깨달으면 작업을 멈추는 것이 아니라 '앞 문장과 뒷 문장의 주장이 다름' 또는 '잘난 척하는 느낌', '이야기의 흐름이 어색함', '뒷받침할 데이터가 필요함'과 같은 마음의 소리, 지적 사항을 붉은 글씨로 적으면서 계속 진행한다.

이렇게 하면 글을 쓰는 손을 멈추지 않고 그 기세로 작업을 수월하게 끝낼 수 있다. 그리고 나중에 다시 검토할 때 붉은 글씨를 참고하여 문장을 다듬을 수 있다. 이 단계에서는 글이 다소 엉망일지라도 일단 끝까지 썼다는 점에서 성취감을 얻을 수 있다. 이후 수차례의 퇴고 작업을 통해 지적 사항을 분석하여 문장을 정리한다.

이 작업은 자기 객관화를 훈련하는 데 도움이 되며 냉정한 눈으로 여러 번 문장을 검토함으로써 독선적인 표현이 줄어드는 효과도 있다. 뇌가 지쳐 있는 밤보다는 아침에 작업할 때 더욱 예리한 비판이 가능하다.

지금 하는 일 때문에
미래를 준비할 수 없다면?

업무 방식 개혁에 관한 강연회에서 아침 1시간 루틴의 우선순위에 대해 설명하던 중 참가자에게 이런 질문을 받았다.

"당장 내가 해야 할 일이 먼저인지, 미래를 위한 일·보람된 일·경력에 도움이 되는 일이 먼저인지 늘 고민에 빠집니다. 예를 들어 '이 기획은 회사는 물론 이 세상에 도움이 될 거야. 나도 힘을 보태서 열심히 해 보고 싶다!'라고 생각하는 아이디어가 있어도 담당 업무가 아니기 때문에 당장 시작할 수가 없습니다. 이럴 땐 어떻게 해야 될까요?"

모두에게 좋은 기획이 있어서 꼭 추진하고 싶은데 자신에게 주어진 일을 외면할 수 없는 상황이다. 고민스러운 문제다.

당장 해야 할 일 때문에 보람된 일, 경력에 도움이 되는 일을 못 하면 점점 현실에 대한 불안감이 들기도 한다. 하지만 일 자체는 좋아하고 회사를 그만둘 배짱도 없다면 불만스러운 현실 속에서 즐거움을 찾아 보자. 그것도 씨앗 심기다. 예를 들면 이렇게 해 보는 것이다.

- 지금 하는 일과 앞으로 하고 싶은 일의 '연결 고리'를 찾는다.
- 회사에서 납득할 만한 의의를 생각해서 프레젠테이션한다.

하는 일과 하고 싶은 일의 '연결 고리'를 찾아라

먼저 '회사에 도움이 될 기획'과 '지금 하는 일'의 가치를 각각 찾아 보자. 그런 다음 둘 사이의 연결 고리를 찾는다.

예를 들어 '모두가 나를 믿고 그 일을 맡길 날을 위해 1년 동안 본업에 충실하자!'라든가 '앞으로 사이드잡이 가능해지면 지금 내가 하는 사무 대행 일은 1인 기업 오너들의 수요가 있을 거야. 늦기 전에 상품화하기 좋은 사무 체계를 생각해 두면 부업이나 사업을 시작할 때 좋을 것 같다'라는 식으로 연결 고리를 찾아 보는 것이다.

회사의 입장에서 생각해라

두 번째는 의사 결정권자 앞에서 프레젠테이션을 한다는 가정하에 자료를 만들어 보는 방법이다.

당신이 회사의 미래에 반드시 도움이 된다고 믿으며 열정적으로 임하는 일이 회사의 미래를 어떻게 변화시킬 수 있는지 정리해 보자.

핵심은 회사 입장에서 생각해 보는 것이다. 회사의 입장이란 한마디로 '돈이 되는가'다. 노골적으로 들릴지 몰라도 회사의 존재 의의는 이익을 추구함으로써 세상을 이롭게 하는 것이기 때문에 당신이 아무리 사회에 도움이 되는 기획을 제안한들 수익이 나지 않으면 승인받기 어렵다.

따라서 당신의 기획이 회사의 이번 분기 및 다음 분기 경영 전략과 경영 목적에 비추어 볼 때 얼마나 회사의 '이익 창출'에 효과적인지를 생각해 보고 아침 1시간을 통해 프레젠테이션으로 구성해 보자.

지금 하는 일에 씨앗 심기가
없어서 고민이라면?

아침 1시간 할 일 분류는 기업 연수에서도 소개하며 사원들에게 실천하도록 권하고 있다. 종종 일반직 사원들에게서 이런 질문을 받곤 한다.

"우선순위의 중요성은 이해하지만 저는 어시스턴트에 가까운 일을 하고 있어서 씨앗 심기를 찾기가 힘듭니다."

즉 자기 업무에 씨앗 심기라 할 만한 것이 없다고 생각하는 것이다. 그렇다면 어떻게 해야 할까?

결론부터 말하면 이 세상에 씨앗 심기가 없는 일은 없다. 자기의 일을 '아무나 할 수 있다', '씨앗 심기가 없다'라고 속단하면 사고가 정지되어 눈앞에 있는 소중한 씨앗을 놓치게 된다.

나도 예전에는 내 일에 씨앗 심기가 없는 것 같아 초조해했다. 컨설팅 회사에서 일했지만 단순히 자료 작성을 돕는 어시스턴트였지 컨설턴트는 아니었다. 인기 있는 컨설턴트가 되고 싶었는데 능력이 부족해서 답답했다.

매일 수백 장에 달하는 파워포인트 자료를 만들다 보면 나 자신이 자료 만드는 기계처럼 느껴졌다. 내 이름을 걸고 당당히 일하고 싶은데 그저 자료 작성 부서의 일원으로 취급받는 것 같았다. 당시 자료 작성만 하는 부서는 컨설팅 업계 이외에는 없었기 때문에 이직도 어려울 거라 생각했다.

그때 상사의 한마디가 내 일에 대한 인식을 바꾸었다.

"우리가 하는 일은 단순한 서포트가 아니라 회사의 이름을 유지하는 마지막 보루야."

컨설팅은 머릿속의 아이디어가 곧 상품이다. 형태가 없는 상품을 가시화하는 것이 우리 부서가 하는 일이었다. 따라서 사소한 부분도 놓치지 않는 아름다운 자료, 이해하기 쉬운 자료를 만드는 일이 이 회사의 브랜드를 책임진다는 의미였다.

의미가 바뀐 순간, 보이는 세계가 바뀌었다. 새삼 내가 하는 일을 돌아보니 자료 작성 부서는 경영 전략이 준비되는 과정을 생생하게 볼 수 있는 대단한 곳임을 깨달았다. 자료를 통해 기업이 얼마나 치열하게 전략을 세우는지 조금이나마 알 수 있었다. 자료를 읽으면 읽을수록 더 이해하기 쉽게 표현할 방법이 떠올라 회사에 제안하기도 했다. 의미를 찾아내면 마음가짐도 바뀐다. 그러자 그동안 엉망이었던 나에 대한 사내 평가도 조금씩 긍정적으로 바뀌기 시작했다.

자신의 일을 '작업'의 측면에서 생각하면 슈아 내기(파랑)나 묻어 두기(검정)로 보이겠지만 '가치'의 측면에서 생각하면 회사의 가치를 끌어올리는 일, 즉 씨앗 심기(빨강)가 된다.

세상이 아무리 발전해도 현장의 사무 공정에 정통한 사람이 모조리 인공지능AI이나 로봇에 의한 프로세스 자동화RPA로 대체될 리는 없다. '기계로도 가능한 일'과 '기계로는 불가능한 일'을 판단하는 능력은 경험으로 길러진다. 자신의 일에 대해 '어차피 기계가 하게 될 것이다'라고 생각하는 것과 '판단력이 필요한 일이므로 인간만이 할 수 있다'라고 생각하는 것은 일의 의의와 즐거움에 큰 차이를 가져온다.

지금 직장의 환경을 최대한 활용하여 원하는 일을 실현해 보자. 생각을 바꾸면 매일 반복해 온 업무도 더욱 의욕적으로 할

지금 하는 일은 다른 분야에 활용할 수 없다

⬇

활용할 수 있는 일은 무엇인가?
→ 영업?

⬇

영업은 어떻게 활용할 수 있는가?
→ 커뮤니케이션 능력

⬇

지금 하는 일에 영업적 요소를 넣으려면?
→ 고객과의 접점을 늘린다?
사내 팀플레이가 가능하게 만든다?

어떤 일이든 씨앗 심기는 반드시 있다

수 있다.

자신의 업무는 보조 역할이라 씨앗 심기가 없고 다른 분야에 활용할 수도 없다고 생각된다면 아침 1시간을 통해 '다른 분야에 활용할 방법'을 궁리해 보자. 훌륭한 씨앗 심기가 될 것이다.

사소한 일상도 구체적으로
매뉴얼화해라

취미 시간을 확보하고자 집안일과 회사 일의 효율성을 꾀하는 것도 씨앗 심기다. 시간 절약은 수확하기(초록)를 얼마나 기계적으로 처리하느냐에 달렸다. 이를 위해 아침 1시간의 씨앗 심기로서 수확하기의 매뉴얼을 만들어 보자.

　매뉴얼은 '숫자'를 적어 '구체적으로' 만든다. '상황에 따라', '필요에 따라'와 같은 표현으로 애매하게 만들면 매번 헤매게 된다. 판단할 필요 없이 기계적으로 일할 수 있는 상태로 만들어 두면 내가 편해질 뿐 아니라 주위에 공유할 수도 있다.

To Do	기한	작업 내용
회의 안내	7일 전	☐ 목적, 주제 공지
	7일 전	☐ 회의 일시 고지
	3일 전	☐ 참가 예정자 파악
	1일 전	☐ 자료 인쇄
회의 준비	30분 전	☐ 인쇄물 매수 확인
회의 중		☐ 회의 내용 설명
		☐ 결정 사항 확인
		☐ 역할 분담 확인
		☐ 다음 회의 일정 확인
회의 후	당일 내	☐ 회의록 작성
		☐ 메일 발송

예를 들어 월별 정례 회의의 경우 회의 전, 회의 중, 회의 후
에 할 일이나 작업 내용을 정리해 둔다.

참고로 나는 아이가 첫돌이 되기 전까지 집안일 매뉴얼을 만
들었다. '기상 후: 아침 분유 100씨씨, 알림장 작성, 쓰레기 버
리기', '퇴근 후: 물 끓여서 포트에 담기, 이유식 죽 큐브 4개 해

집안일 매뉴얼 예시(아이가 있는 가정)

~7:30 기상 후 준비
- ☐ 젖병 세척
- ☐ 잠옷 갈아입기
- ☐ 아침 분유 100cc
- ☐ 알림장 작성
- ☐ 쓰레기 버리기
- ☐ 식기세척기로 설거지

~18:30 귀가 후 준비
- ☐ 물 끓여서 포트에 담기
- ☐ 이유식 죽 큐브 4개 해동
- ☐ 빨래 걷기
- ☐ 저녁 분유 준비

~20:10 침대에서 준비
- ☐ 기저귀 4장
- ☐ 생수 1병
- ☐ 분유 180cc 3병
- ☐ 가습기에 물
- ☐ 목욕 수건 1장
- ☐ 베개 수건 1장

~20:20 욕실에서 준비
- ☐ 목욕 수건 1장
- ☐ 얼굴용 거즈 1장
- ☐ 베이비오일

20:30~ 거실에서 준비
- ☐ 세탁물
- ☐ 잠옷, 속옷
- ☐ 보습 바셀린
- ☐ 머리빗
- ☐ 어린이집 갈아입을 옷
- ☐ 앞치마
- ☐ 기저귀 5장에 이름 도장

동, 저녁 분유 준비' 등 무엇을 몇 시까지 준비할 것인지를 구체적인 매뉴얼로 만들었다. 이 방법으로 남편과 원활하게 가사를 분담했다.

취미를 직업으로
만드는 법

불로소득으로 큰돈을 버는 것까지는 아니어도 자신이 꾸준히 계속해 온 취미를 활용하여 세상에 도움이 되고 싶은 사람도 많을 것이다. 이를 위해 SNS를 이용하거나 소모임을 준비하는 것도 씨앗 심기의 하나다.

먼저 취미로 그린 작품을 SNS에 올리거나 관심 가질 만한 친구들을 상대로 무료 모임을 열어 반응을 살펴보자. 요즘은 트위터, 블로그 등 SNS를 통해 모임을 주최하면 금세 사람을 모을 수 있는 시대다. 처음에는 친구를 서로 추천하는 것부터 시작하면 되기 때문에 예전보다 이벤트 개최가 훨씬 수월하다.

특히 참가자들이 쉽게 시간을 낼 수 있는 '아침 모임'을 정기적으로 하는 것이 좋다. 밤에는 일정이 확실하지 않은 사람도 아침에는 조금 서둘러 일어나기만 하면 된다. 또한 업무 시작 시간이 정해져 있으므로 모임이 길어질 일도 없어서 습관화하기가 수월하다. 모임 주최라는 말이 거창하게 들리겠지만 친구나 동료에게 권한다는 느낌으로 가볍게 시작해 보자.

단, 이런 모임은 소재가 고갈되지 않는 방식을 선택하는 것이 중요하다. 예를 들어 당신이 공부해서 취득한 자격증을 활용하여 '돈에 대해 공부하는 모임'을 열기로 했다고 하자. 그런데 교재에 실린 내용으로 모임을 진행하면 교재 공부가 끝나는 동시에 모임도 끝나 버린다. 경험을 살리고 싶다면 당신의 관점을 피력할 수 있는 모임을 만드는 것이 좋다. 가령 돈에 관한 책을 읽는 독서 모임이나 뉴스를 전해 주는 모임 등이다. 책은 매일 출판되고 뉴스도 매일 나오기 때문에 소재가 고갈되지 않으며 그만큼 내용을 고민하는 시간도 줄어든다.

나는 10년 이상 '새벽 맛집 모임'을 이끌고 있는데 아침 식사가 가능한 식당이 사라지지 않는 한 계속할 수 있다.

나의 캐릭터를 분석하고
키워드로 표현해라

'지금 직장은 싫다', '나답지 않은 것 같다', '더 자유롭게 일하고 싶다' 이렇게 직장을 벗어난 새로운 인생을 열망하는 사람이 많다.

이때 자신이 생각하는 '자유'와 '나다움', 즉 가치관을 정확히 말로 표현할 수 있어야 한다. 취미를 직업으로 삼으려면 내가 하고 싶은 일의 우선순위를 정확히 파악해야 하기 때문이다. 현재의 직장에 '자유가 없다'고 예단하면 거기서 사고가 멈춘다. 하지만 혼자서는 성과를 내기 힘든 일도 회사에 있으면 조직의

권한과 예산 덕분에 실현할 수 있다. 회사에도 자유가 내재하고 있는 것이다.

내 안의 자유를 찾기 위해 과거의 행동을 돌아보며 가치관을 찾아내는 것도 훌륭한 씨앗 심기다. 자기분석은 보통 구직이나 이직 시 면접관의 흥미를 끌기 위한 소재로 여기며 건성으로 하는 경향이 있는데 나 자신을 위해 주기적으로 철저히 하는 것이 좋다. 사는 동안 매번 같은 위기에 직면하고, 정말 필요한 공부는 외면한 채 다른 공부에 시간을 소비하여 결실을 맺지 못하는 것은 모두 정확한 자기분석이 없기 때문이다.

그럼 어떻게 해야 할까. 우선 다른 사람과 비교하며 초조해하지 말고 내 안의 나를 응시하자. 어린이집, 유치원, 초등학교, 중학교, 고등학교 등으로 시기를 구분하여 '기뻤던 일 세 가지', '슬펐던 일 세 가지'를 돌아보고 그 이유를 적는다. 먹고 자는 것조차 잊을 만큼 몰두했던 일은 무엇이며 옛날에는 어떤 일에 화가 났는지 떠올려 보자.

자신을 철저히 파악하는 과정에서 '나는 사람이든 물건이든 일이든 연결하는 데 흥미가 있구나', '1인자보다는 참모일 때 능력을 발휘하네', '상인보다는 장인 기질이 있군', '팀플레이보다 개인플레이에 강하구나' 등 자신의 진로나 취향의 방향성을 알 수 있을 것이다. 여기까지는 '진로의 방향성'에 대한 가설이다. 아직 가설 단계인 만큼 갑자기 그 방향으로 이직을 시도하는 것은 바람직하지 않으며 우선 현재의 환경을 이용해 작은 것부터 시도해 보는 것이 좋다.

현 상황에서 '무엇인가를 연결한다', '참모 기질', '장인 기질', '개인플레이'라는 키워드를 살릴 만한 일이 없는지 찾아 보자. 회사에 없다면 외부 커뮤니티 활동이나 업계 정보를 무상으로 제공하는 프로보노pro bono(자신의 전문적 지식이나 기술을 대가 없이 공익을 위해 사용하는 활동 — 옮긴이) 활동을 통해 자신의 '새로운 캐릭터'를 구축해 보는 것도 좋다. 블로그나 SNS를 통한 홍보도 효과적이다.

이것이 '셀프 테스트 마케팅'이다. 자신의 방향성을 임의로 정해서 조금씩 시험해 보고 조정하는 방식으로 내 취향과 가치관이 세상에 통하는지, 그 일에서 행복을 느낄 수 있는지 확인해 보자.

평소 아쉬웠던 일들을
글로 적어라

사이드잡 시대를 대비하여 자신의 강점을 파악할 때 추천하는 씨앗 심기는 '무의식중에 지적하고 참견하게 되는 일 적어 보기'다.

실제로 '답답해', '내가 하면 더 잘할 수 있는데'라고 생각되는 일 속에 당신만 해결할 수 있는 문제나 전문성이 숨어 있을 때가 많다. 아침 30분을 활용하여 나도 모르게 지적하고 참견하게 되는 일이 무엇인지 글로 써 보자.

나는 오랫동안 프레젠테이션 자료를 만들었기 때문에 전철 내부 광고나 잡지 광고를 프레젠테이션의 관점에서 보는 버릇이 있다. 너무 장황한 문장, 어수선한 배색, 디자인 등을 머릿속에서 내 멋대로 깔끔하게 고치는 것이다. 이처럼 나도 모르게 참견하게 되는 일, '아쉽다!', '왜 저렇게 했지?' 하고 그냥 지나치지 못하는 일 속에 '워크&사이드잡'을 실현하기 위한 힌트가 있다.

- 아쉬웠던 일
- 그 이유를 자신의 전문 지식으로 설명
- 개선 방법을 Before → After 형식으로 표현

이렇게 글로 적어 보면 SNS나 블로그에 올릴 만한 소재가 완성된다. 예를 들어 헤어스타일이나 메이크업에 정통한 사람이라면 무심코 거리에서 마주치는 사람들의 눈썹을 관찰하는 일이 있을 것이다. '이런 얼굴형에는 이런 눈썹 모양이 어울리는데! 이상하게 그려서 인물이 안 사네', '이렇게 더 하면 좋을 텐데!' 하고 안타까워하는 마음을 문장으로 풀어 보면 그것이 당신만의 관점이 된다.

얼마 전 편집자로 일했던 지인에게 재미있는 이야기를 들었다. 그녀는 미술관의 설명문이 너무 어려워 늘 불만이었다고 한

다. '설명문을 읽느라 관람객이 그림 앞에 오래 멈춰 서 있으면 미술관도 붐벼서 좋을 게 없다. 직관적인 제목으로 잘 편집하면 미술관이 더 즐거울 텐데!' 하고 생각했다는 것이다. 그녀만의 전문가다운 관점이 느껴졌다.

전문 지식은 교과서만 한 것이 없다. 교과서와 비교하면 지식의 양이나 완성도 면에서는 뒤질 수밖에 없다. 하지만 완벽한 지식을 상대에게 전달해야만 '워크&사이드잡'을 실현할 수 있는 것은 아니다. 자신의 지식과 경험을 바탕으로 안타까운 상태를 이상적인 상태로 어떻게 바꿀지 생각하는 것, 즉 '사안에 접근하는 방식'과 '관점'이 상품이 되는 것이다. 이러한 아이디어를 내며 아침을 열면 업무가 시작된 후에도 설레지 않을까?

전문 지식을 돈으로
바꾸는 법

'내 경험을 책으로 만들고, 가르치고, 콘텐츠로 만들고 싶다'라는 희망도 씨앗 심기다. 직장에서 익힌 업무 능력을 발휘하여 전문가로 활약하게 된다면 얼마나 기쁘겠는가? 상업 출판이나 영상화가 되면 인세라는 불로소득도 생기기 때문에 '워크&인베스트' 방식으로 일할 수 있다. 아침 1시간을 통해 당신의 전문 지식을 상업화하는 데 도전해 보자.

전문 지식을 체계화, 상업화하는 과정은 다음과 같다.

① 자신의 경험을 모두 떠올린다.

② 자신의 경험으로 타인의 고민을 해결할 방법을 찾는다.

③ 콘셉트를 정하고 주변의 피드백을 받는다.

1. 자신의 경험을 모두 떠올린다

성공 경험, 실패 경험, 개선 사항, 후회되는 일에 대해 자세히 써 보자. 일에 관련된 것뿐 아니라 사적인 경험도 되돌아보는 것이 중요하다. 훌륭한 업무 성과는 개인적 기질에 기인하는 경우가 많고 일과 사생활은 떼려야 뗄 수 없기 때문이다. '일이니까', '사적인 부분이니까' 하고 사고를 분리하면 그만큼 발상에 제약이 생기므로 자유롭게 떠올려 보자.

2. 자신의 경험으로 타인의 고민을 해결할 방법을 찾는다

'이런 사람이 이런 고민으로 고통받고 있지 않을까? 내 경험을 살려 도울 수는 없을까?'라고 생각되는 일을 항목별로 쓴다. '모닝 루틴 수첩'을 제작하게 된 계기를 예로 들면 다음과 같다.

- 일찍 일어나고 싶은데 실천이 어렵다.
- 나만의 자유 시간이 필요한데 만들 수 없다.
- 일찍 일어나기, 습관 들이기에 대한 책을 읽고 의욕이 생겼지만 작심삼일이 되었다.
- 일찍 일어나지 못하면 자기혐오에 빠진다.

나는 내 능력, 즉 도해로 정리할 수 있고, 템플릿으로 구현할 수 있고, 부정적 마인드를 긍정적으로 바꿀 수 있는 능력을 활용하여 수첩을 만들면 이러한 고민을 해결할 수 있을 거라고 생각했다.

3. 콘셉트를 정하고 주변의 피드백을 받는다

'모닝 루틴 수첩'은 '일찍 일어나고 싶지만 실천이 어렵다'라는 고민을 체계적으로 해결하기 위해 고안한 것인데 '모닝 플래너' 라는 콘셉트의 기획을 출판사에 제안했다가 운 좋게 채택되어 세상에 나오게 되었다. 2011년 발매된 첫 번째 버전 '모닝 루틴 수첩 2011'은 그 콘셉트를 트위터에 올리자마자 폭발적인 호응을 얻으며 전량 품절되었다. 여기에 힘입어 이듬해 3월 출판사의 이례적인 결정으로 만년 다이어리 버전을 발매하게 되었으며 10년째 꾸준한 인기를 얻고 있다.

때로는 규칙과 전례의
틀을 벗어나라

워크&워크, 워크&사이드잡, 워크&프라이빗, 워크&인베스트
의 공통 과제는 현재 하는 일의 비효율적인 부분을 효율적으로
바꾸는 것이다. 아침 1시간의 씨앗 심기로서 회사의 규칙이나
관례를 의심해 보는 것도 시간을 알차게 보내는 방법이다.

　얼마 전 모 기업의 사업부장에게 제안 프레젠테이션을 하는
자리에 참관하게 되었다. 발표자는 열 명 남짓한 관리직 후보
여성들이었다. 나는 사전에 그들에게 프레젠테이션 설계 방법,
아이디어를 뒷받침할 데이터 수집 방법 등을 개별적으로 지도

했고, 예정된 발표일에 각자의 아이디어를 10분 동안 사업부장에게 제안할 수 있도록 훈련시켰다.

발표자들의 의견은 모두 완벽하게 정리되어 있었고 실수도 없었다. 하지만 그만큼 흥미가 떨어지는 측면도 있었다. 사전 미팅 때 내놓은 아이디어는 전부 기발했는데 어쩌다 이런 결과가 되었는지 궁금했다. 나중에 이야기를 들어 보니 '아이디어를 논리적으로 뒷받침할 데이터를 찾지 못해서 데이터가 있는 내용으로 프레젠테이션을 했다'는 사람이 많았다.

다른 회사를 상대로 하는 공식 프레젠테이션에서는 '아직 확실치 않다'라며 어중간한 태도를 보여서는 안 된다. 하지만 이번 프레젠테이션은 아이디어 발표가 주목적이었다. 나는 설령 데이터가 부족하더라도 상대의 구미를 당길 만한 프레젠테이션이 되기를 바랐다. '데이터 보강은 필요하지만 저는 이 아이디어가 좋습니다!'라고 단언할 만큼 자신만만하기를 원했다. 그래서 더욱 아쉬운 마음을 감출 수 없었다.

하지만 그런 속마음을 온전히 표현하지 못한 것은 나 자신이었고 설득은 완벽한 데이터를 전제로 한다고 강조한 것도 나였다. 나는 이 일로 자신의 부족함을 반성하게 되었다.

'규칙이니까'라는 말 한마디에는 사고 정지를 부르는 달콤한 유혹이 섞여 있다. 일단 규칙에 따르면 누구에게도 지적받지 않아 편하기 때문이다.

그러나 최고의 아이디어가 있는데 규칙대로 프레젠테이션 자료를 작성하기가 어려워서 규칙에 부합하는 차선의 아이디어로 변경하는 것은 프레젠테이션 본연의 목적에 맞지 않는다. 자신이 믿는 아이디어를 포기한 것이기 때문이다. 즉 목적과 수단이 뒤바뀐 셈이다.

일을 진행하면서 '규칙이니까', '관례가 그렇기 때문에'라는 규칙에 얽매였다는 생각이 들면 잠시 중단하고 '애초에 무엇을 위한 규칙인가?'를 생각하자.

규칙을 너무 열심히 지키려고 하면 사고의 틀에 갇히게 된다. 바꿀 수도 있는 규칙을 절대 바꿀 수 없다고 생각함으로써 싱싱한 아이디어를 시들게 하는 것이다.

부디 당신이 느낀 설렘을 전례가 없고 규칙에 맞지 않는다는 이유로 포기하지 않기 바란다. 내가 원하는 일을 당당히 제안하여 미래를 현실로 앞당기는 첫걸음, 그것이 바로 아침 1시간 모닝 루틴이다.

부록

아무리 바빠도
아침 1시간을
만들어 내는 법

새벽 기상에
집착하지 마라

지금까지 아침 1시간 할 일 분류로 인생을 바꾸는 방법에 대해 설명했다. 하지만 워낙 아침잠이 많아 절대 아침 1시간을 낼 수 없다는 사람도 있을 것이다. 그래서 어떤 상황에서도 아침 1시간을 만들어 내는 방법을 설명하고자 한다.

일찍 일어나기에 성공했다가 실패했다가 하며 일어나는 시각이 불규칙한 사람은 이 방법으로 '생활시간의 아침 전환'을 실현할 수 있을 것이다.

일찍 일어나기는 목적이 아니라 수단이다

새해가 되면 '올해부터는 꼭 일찍 일어나야지!' 하고 다짐하지만 번번이 실패하는 사람들의 공통점이 있다. '일찍 일어나려면 강한 의지와 결심이 필요하다', '원하는 일을 못 하는 스스로가 한심하다, 더 노력해야 한다'라는 착각에 빠져 있다는 점이다.

운동이나 공부, 습관을 의지나 결심만으로 유지하는 사람은 2퍼센트에 불과하다는 연구 결과가 있다. 의욕을 앞세워 노력하면 금세 식는다는 뜻이다. 중요한 것은 의욕을 체계화하여 생활에 스며들게 하는 것이다.

또 한 가지, '잠자는 시간을 줄이지 않겠다'라고 결심하자. 일찍 일어나기 위해 수면 시간을 줄이는 것은 바람직하지 않다. 얼마 전 '매일 4시간밖에 못 자지만 더 일찍 일어나고 싶다'고 말하는 사람이 있어 깜짝 놀랐다.

수면 부족 때문에 몽롱한 상태로 하루를 낭비하는 것은 잘못된 우선순위의 표본이다. 잠을 줄이는 것이 아니라 '생활시간을 아침으로 전환'한다고 생각하자. 나는 내 강연을 듣는 사람들에게 '일찍 일어나기 나라로 유학을 갔다고 생각하라'고 종종 말한다. 1시간의 시차가 있는 나라에 왔다는 생각으로 아침형 생활을 시작하자.

일찍 일어나는 것 자체가 목적이 되는 이유는 자신의 지향점에 대한 이해가 뒤죽박죽인 데 있다. 그래서 없애야 할 부분과 유지해야 할 부분이 뒤바뀌어 시간 사용법도 바뀐다. 다양한 노력에도 불구하고 저녁에 마음이 더 안정된다면 여유로운 저녁시간을 확보하기 위해 아침에는 집안일의 예비 작업을 하고 이것을 씨앗 심기로 정하면 된다.

여유로운 저녁 시간을 원하며 '워크&워크'를 지향하는 36세 맞벌이 워킹맘의 스케줄을 예로 살펴보자. 그녀는 다섯 살 딸과 세 살 아들을 키우고 있다. 가장 큰 목적은 회사에서 실적을 내는 것이며 다음과 같은 기준으로 할 일을 취사선택하고 있다.

- 저녁에 혼자만의 시간을 즐기다 편히 잠들고 싶어서 집안일의 예비 작업을 아침 씨앗 심기로 정한다.
- 구체적인 씨앗 심기 과제는 저녁 식사를 데워서 바로 먹을 수 있는 상태로 준비하기, 빨래 개기, 간단한 청소다.
- 먼 거리를 전철로 통근하며 소중한 저녁 시간을 희생하느니 집세가 비싸더라도 직장 근처로 이사한다.
- 회사 일이든 집안일이든 9시가 넘으면 잔업으로 간주하여 집안일에도 마감 시간을 정한다.

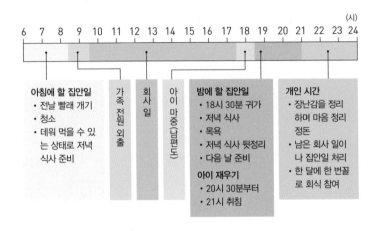

두 아이를 키우는 맞벌이 워킹맘의 스케줄

(시)
6 7 8 9 10 11 12 13 14 15 16 17 18 19 20 21 22 23 24

아침에 할 집안일
• 전날 빨래 개기
• 청소
• 데워 먹을 수 있는 상태로 저녁 식사 준비

가족 전원 외출

회사 일

아이 마중(남편도)

밤에 할 집안일
• 18시 30분 귀가
• 저녁 식사
• 목욕
• 저녁 식사 뒷정리
• 다음 날 준비
아이 재우기
• 20시 30분부터
• 21시 취침

개인 시간
• 장난감을 정리하며 마음 정리 정돈
• 남은 회사 일이나 집안일 처리
• 한 달에 한 번꼴로 회식 참여

• 현 단계에서 육아의 최우선 과제는 '식사'와 '수면'이다. 방이 조금 어수선해도 잘 먹고 잘 자면 아이들은 건강하게 클 거라고 생각하여 너무 바쁠 때는 청소를 미루기도 한다.

이처럼 무엇을 목적으로 하느냐에 따라 취사선택이 명확해진다. 그러면 망설임 없이 행동에 옮길 수 있기 때문에 더 많은 시간을 확보할 수 있다.

잠을 줄이지 마라

앞에서 이야기했듯이 모닝 루틴은 수면 시간을 단축하는 것이 아니라 생활시간을 아침으로 전환한다는 생각으로 접근해야 한다.

잠을 적게 자는 '쇼트 슬리퍼'를 목표로 하는 것이 잘못된 판단이라는 점은 연구를 통해서도 입증되고 있다. 신경과학 전문지 《뉴런》 2019년 9월호의 내용에 따르면 적게 자도 졸리지 않은 이른바 쇼트 슬리퍼 유전자가 발견됐다고 한다.

ADRB1이라는 유전자 염기서열에 돌연변이가 생기면 수면 시간에 변화가 나타나며 10만 명 중 약 네 명만이 이러한 유전자를 타고난다고 한다. 즉 훈련이나 노력으로 쇼트 슬리퍼가 되려는 것은 시간 낭비라는 이야기다. 수면 시간을 줄여서 생산성과 집중력이 떨어진다면 말 그대로 주객전도 아닐까.

주변 환경을 정비하는
START UP 법칙

생활시간을 아침으로 전환하고 아침 1시간을 마련하기 위한 '모닝 루틴 START UP'을 실천해 보자.

모닝 루틴 START UP은 4단계로 진행된다.

① **Sleep**(잔다): 최적의 수면 시간을 확보한다.

② **TARget**(설정한다): 자신의 지향점에 맞는 씨앗 심기를 설정한다.

③ **Time**(시간): 씨앗 심기 시간을 확보하기 위해 아침에 할

일을 자동화한다.

④ Back **UP**(백업): 실패해도 의욕을 잃지 않도록 백업 플랜
을 세운다.

1. 최적의 수면 시간을 확보한다

잠을 줄일 수는 없지만 자신의 적정 수면 시간을 파악하여 조정
할 수는 있다.

나는 일찍 일어나기에 실패하는 사람들의 고민을 해결하기
위해 10년 이상 노력해 왔는데 실상 자신의 수면 시간과 성취도
의 상관관계를 제대로 아는 사람이 거의 없었다.

적정 수면 시간은 나이, 하루 활동량, 컨디션 등에 따라 편차
가 크다. 그런데도 우리는 미디어에서 내보내는 정보나 일반적
견해를 그대로 믿는 경향이 있다. 못 일어나는 이유에 대해 짚
이는 부분이 있으면 컨디션 등을 살피면서 가장 알맞은 수면 시
간을 검증해 보자.

똑같이 먹어도 살이 찌는 사람과 그렇지 않은 사람이 있듯이
수면 시간에도 개인차가 있다. 우선 나의 적정 수면 시간은 몇
시간인지, 다음 날까지 버틸 수 있는 최소 수면 시간은 몇 시간

인지, 몇 시간 이상 자면 수면 과다인지 다각도로 파악하여 수면 데이터를 만들어 보자.

내가 추천하는 방법은 '90분×(4 or 5)+α'라는 계산식을 이용하여 일주일간의 적정 수면선을 측정해 보는 것이다. 이때 다음 3단계를 거친다.

① 렘수면과 비렘수면의 패턴을 파악한다

처음 일주일은 90분 단위+잠드는 데 걸리는 시간(개인차가 있지만 대개 30분 전후)으로 수면 시간을 증감시키면서 가장 집중력을 유지할 수 있고 의식이 몽롱하지 않은 한계선(적정 수면선)을 찾는다. 예를 들면 월·화·수요일에는 7시간 반 수면+α, 목·금·토요일에는 6시간 수면+α, 나머지 하루는 자신의 컨디션에 따라 조정해 보는 것이다.

② 적정 수면선에서 수면 시간을 증감시켜 조정한다

①에서 파악한 적정 수면선을 바탕으로 조금씩 수면 시간을 증감시켜서 자신의 최적 수면선과 초과 수면선을 설정한다.

③ 일지를 기록하여 수면 시간과 생산성의 관계를 파악한다

조정 기간 중에는 일지를 기록한다. 이때 '감각은 어떤가', '오후에는 얼마나 졸린가'에 초점을 맞추면 나에게 가장 적합한 수면 시간을 알 수 있다.

나는 7시간을 채우지 못하면 오후 2시쯤 잠이 쏟아진다는 것을 알기 때문에 부득이하게 5~6시간밖에 못 잤을 때는 점심을 가볍게 먹어서 졸음에 대비하거나 커피를 마신 후 짧은 낮잠을 잔다(경험상 커피를 마시고 15분 정도 낮잠을 자면 카페인 효과가 나타날 즈음 정확히 깰 수 있다. 정신을 맑게 하는 방법으로 추천한다).

참고로 적정 수면 시간과 기상 시간은 삶의 우선 과제나 지향점의 변화에 따라 얼마든지 바뀔 수 있다. 나도 우선 과제의 변화에 따라 수면 시간과 기상 시간을 바꾼다.

- 일찍 일어나서 입시 공부를 하던 20세 무렵
  → 22시 취침, 5시 반 기상, 7시간 반 수면
- 다시 일찍 일어나기를 시작한 25세 무렵
  → 23시 취침, 5시 반 기상, 6시간 반 수면
- 31세부터 임신을 한 41세까지
  → 23시 취침, 4시 기상, 5시간 수면

- 임신 중
  → 21시 취침, 4~5시 기상, 7~8시간 수면(임신으로 수면 시간 증가)
- 출산 직후
  → 20시 반 취침, 4시 기상, 7시간 반 수면(아이가 갓난아기일 때는 쪽잠이 잦아서 체감은 6시간)
- 아이가 다섯 살인 현재
  → 21~22시 취침, (아이가 잠드는 시간, 밤중의 각성 상태에 따라) 4~5시 기상, 7시간 수면

나는 지금도 어린 자녀를 키우며 시행착오를 겪고 있다. 아이는 자라면서 생활 패턴이 바뀌기 때문에 어렵게 정착시킨 습관도 금세 무용지물이 된다. 그래도 자신의 수면 시간에 따른 컨디션을 파악하면 나날의 변화가 두렵지 않고 오히려 그 변화를 즐길 수 있다. 먼저 여기서 설명한 대로 자신의 수면 데이터를 적극적으로 수집해 보자.

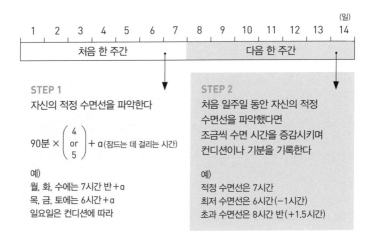

자신의 적정 수면 데이터를 수집한다

(일)

1　2　3　4　5　6　7　8　9　10　11　12　13　14

| 처음 한 주간 | 다음 한 주간 |

STEP 1
자신의 적정 수면선을 파악한다

90분 × $\left(\begin{array}{c}4 \\ \text{or} \\ 5\end{array}\right)$ + α(잠드는 데 걸리는 시간)

예)
월, 화, 수에는 7시간 반+α
목, 금, 토에는 6시간+α
일요일은 컨디션에 따라

STEP 2
처음 일주일 동안 자신의 적정
수면선을 파악했다면
조금씩 수면 시간을 증감시키며
컨디션이나 기분을 기록한다

예)
적정 수면선은 7시간
최저 수면선은 6시간(-1시간)
초과 수면선은 8시간 반(+1.5시간)

2. 자신의 지향점에 맞는 씨앗 심기를 설정한다

'인생이 바뀔 것 같아서', '아침형 인간이 되면 좋을 것 같아서'
라는 막연한 이유로 모닝 루틴을 시작하면 꾸준히 하기 어렵다.
하지만 자신이 어떤 조건에서 '성공'할 수 있는지 계측 가능한
'숫자'를 사용해서 '구체적'으로 정의한 후 아침 시간표를 짜면
꾸준히 할 수 있다(나는 이것을 '숫&구의 법칙'이라고 부른다. 숫 = 숫
자를 사용해, 구 = 구체적으로). '숫&구의 법칙'에 따라 성공을 정의

하면 게으름을 피운 날 '괜찮겠지 뭐', '이제 그만둘까?' 하고 해이해지는 일을 막을 수 있다. 성공을 정의한 후 씨앗 심기 시간을 만들어 보자.

목표의 덩어리가 너무 작으면 수단과 목적이 혼재되기 쉽고 너무 크면 진행되고 있는 느낌이 들지 않으므로 '대목표'와 '소목표'로 나눈다. 수단과 목적이 혼재될 조짐이 보이면 언제든지 이 정의로 돌아올 수 있도록 수첩 한편에 잘 보이게 적어 둔다.

워크&워크 지향, 직장에서의 출세를 목표로 하는 경우

- 대목표: 내년 3월 인사 고과에서 최고점을 받는 것을 씨앗 심기로 한다.
- 소목표: 일주일에 다섯 개씩 매출 신장에 기여할 만한 기획 아이디어를 내는 것을 씨앗 심기로 한다.

워크&프라이빗 지향, 취미였던 마라톤을 더욱 본격적으로 하려는 경우

- 대목표: 내년 2월 처음 참가하는 풀코스 마라톤에서 완주하는 것을 씨앗 심기로 한다.
- 소목표: 일주일에 세 번, 아침마다 근방을 5킬로미터씩 달리는 것을 씨앗 심기로 한다.

워크&사이드잡 지향, 부업이 목표인 경우

- 대목표: 내년 4월부터 보람 있고 수입도 좋은 부업을 시작하는 것을 씨앗 심기로 한다.
- 소목표: 일주일에 한 명씩 사이드잡에 성공한 사례를 찾아서 업무가 시작되기 전 그 비결을 조사하는 것을 씨앗 심기로 한다.

워크&인베스트 지향, 월급 이외의 불로소득을 목표로 하는 경우

- 대목표: 3년 안에 월급+15만 엔의 불로소득을 얻는 것을 씨앗 심기로 한다.
- 소목표: 일주일에 한 번 부동산, 주식, 지적 재산 분야에서 이러한 조건으로 성공한 사례를 한 명씩 찾아 보고 비결이 담긴 책을 읽는 것을 씨앗 심기로 한다.

3. 씨앗 심기 시간을 확보하기 위해 아침에 할 일을 자동화한다

씨앗 심기를 위한 아침 1시간을 확보하기 위해 그 밖의 일은 미리 순서를 짜 놓는 것이 좋다. 바쁜 아침에 스트레스 없이 할 일이 처리되도록 자동화하는 것이다. 이렇게 함으로써 '오늘은 그냥 넘어가지 뭐' 하고 금방 포기하지 않게 된다.

특히 일찍 일어나는 것은 습관을 들이기까지가 힘들어서 이러한 함정에 빠지기 쉽다. 보통 새로운 습관을 정착시키는 데 10일에서 2주가 걸린다. 하지만 일단 습관이 되면 아침마다 자동적으로 같은 행동을 반복하게 된다. 우리가 세수와 양치를 굳이 의식하지 않아도 자동적으로 하는 것과 마찬가지다. 이처럼 몸이 저절로 움직일 수 있도록 아침에 할 일의 패턴을 미리 정해 두면 졸음의 유혹을 뿌리칠 수 있다. 무의식적으로 하는 아침 식사 준비나 외출 채비도 '이럴 때는 이렇게 한다'라는 규칙을 확실히 만들어 두어야 '판단 피로'가 사라진다.

여기에 익숙해지면 양치를 안 했을 때 찝찝하듯이 패턴대로 안 했을 때 어색함을 느끼게 된다. 그렇다면 성공이다. 그때부터는 그저 순서에 따라 움직일 뿐이다. 처음에는 시행착오를 겪겠지만 최적의 패턴을 찾게 되면 그 패턴을 어떻게 반복할 것인가에 집중하자.

즉 아침 1시간을 씨앗 심기에 할애할 수 있도록, 신속하게 외출 채비를 할 수 있도록, 자신만의 규칙을 여러 가지 만드는 것이다. 다음은 앞에서 서술한 지향별 대목표와 소목표에 따른 규칙이다. 참고하여 나만의 규칙을 정해 보자.

워크&워크 지향, 직장에서의 출세를 목표로 하는 경우

- 신속하게 업무를 준비할 수 있도록 매주 일주일치 의상을 정해 둔다.
- 아침 식사는 전날 저녁에 먹은 음식을 데워 먹는다. 대중교통은 반드시 앉아서 갈 수 있는 첫차를 탄다.
- 귀가 후 바로 잘 수 있도록 빨래는 아침에 한다.

워크&프라이빗 지향, 취미였던 마라톤을 더욱 본격적으로 하려는 경우

- 매주 일요일마다 한 주의 일기예보를 확인하고 주 3회, 무슨 요일에 달릴 것인지 정해 둔다.
- 일어나면 바로 나갈 수 있도록 머리맡에 운동복을 준비해 놓는다.
- 외출복은 샤워 후 바로 입을 수 있도록 욕실 앞에 준비해 둔다.

워크&사이드잡 지향, 부업이 목표인 경우

- 한 달에 한 번 업종, 나이, 직함이 다른 사람들로 이루어진 아침 모임에 참석하여 시야를 넓힌다.
- 일주일에 한 번은 아침 달리기나 명상을 하며 아이디어

를 다듬는다.

- 나머지 시간은 거기서 얻은 지식을 회사에 활용할 수 있
  는 방안에 대해 생각한다.

워크&인베스트 지향, 월급 이외의 불로소득을 목표로 하는 경우

- 시간과 돈의 자유를 위해 야근 없이 지금보다 생산성을
  높인다.
- 전반 30분은 생산성에 대한 책을 읽거나 지난 업무를 돌
  아보면서 현장의 업무 방식을 개혁할 방안을 준비한다.
- 후반 30분은 부동산 투자, 주식 투자 등 본업 이외의 부
  수입을 위해 공부한다.

4. 실패해도 의욕을 잃지 않도록 백업 플랜을 세운다

무슨 일이든 계획대로 안 될 때가 있다. 자기가 생각하는 가장
이상적인 계획이 하나밖에 없으면 제대로 실천하지 못했을 때
모닝 루틴을 유지하고 싶은 마음이 사라진다.

따라서 이런 경우를 대비하여 백업 플랜을 세워 두는 것이 좋
다. 특히 시간이 불규칙적인 일을 하거나 바쁜 시기와 그렇지

않은 시기의 차이가 큰 직종에 종사한다면 더욱 탄탄한 백업 플랜이 필요하다.

백업 플랜이 있으면 가장 이상적인 패턴은 실천하지 못했어도 2, 3순위 계획은 실행했다는 안도감에 계속해서 모닝 루틴을 유지할 수 있다. 이를 위해 '모닝 루틴 ABC'를 설정하고 패턴별로 할 일을 정해 두자.

다음은 나의 '모닝 루틴 ABC'다.

- A: 새벽 4시에 일어나고 아이는 6시까지 잔다(기상 후 개인 시간 2시간).
- B: 새벽 5시에 일어나고 아이는 6시까지 잔다(기상 후 개인 시간 1시간).
- C: 아이와 함께 아침 6시 또는 새벽 4시에 일어난다(기상 후 개인 시간 없음).

이어서 패턴별로 할 수 있는 일을 꼽아 본다.

- A일 때 할 수 있는 일: 아마존 프라임 비디오나 넷플릭스를 보며 복근 운동이나 스쿼트, 화장, '모닝 루틴 수첩'

을 보며 이후 일정 준비

- B일 때 할 수 있는 일: 아마존 프라임 비디오나 넷플릭
  스를 보며 복근 운동이나 스쿼트, 화장
- C일 때 할 수 있는 일: 아들의 아침 식사를 챙긴 후 어린
  이집 등원 준비

이렇게 패턴별로 할 일을 정해 두면 '~하고 싶었는데 못 했다'라고 자신의 의지박약을 탓할 일도 생기지 않는다.

업무가 바쁜 시기와 바쁘지 않은 시기의 계획을 생각해 두는 것도 좋은 방법이다. 바쁜 시기라서 모닝 루틴을 아예 실행하지 못한다고 생각하면 의욕이 꺾이지만 바쁜 시기의 스케줄을 처음부터 따로 정해 두면 계획대로 실천하며 의욕을 유지할 수 있다.

하절기와 동절기로 구분하는 것도 한 가지 방법이다. 다만 모닝 루틴으로 달리기를 할 경우 하절기는 문제가 없지만 동절기는 추운 날씨 때문에 의욕이 떨어지기 쉽다. 이런 경우는 동절기와 하절기의 모닝 루틴 ABC를 각각 설정하자.

여기서 설명한 'START UP'을 꾸준히 실천하면 시간을 자유자재로 운용할 수 있다. 힘이 닿는다면 다음 두 가지 방법을 통해 자신의 시간 사용법을 돌아보자. 더욱 효과적으로 시간을 사

용할 수 있을 것이다.

이상적인 시간표를 디자인해라

개인 시간을 더욱 확보하고 싶을 때 '근무 시간 내에 효율적으로 업무를 마치는 방법', '집안일을 효율적으로 하는 방법'만 궁리하면 속도 개선과 효율화에 대한 이야기로 끝나 버린다.

물론 그것도 중요하지만 속도 개선과 효율화로 절약할 수 있는 시간은 한계가 있다. 더 나아가 '왜 회사 업무는 오전 9시부터 오후 5시까지 해야 하는가?', '실제로 집중해서 일하는 시간은 몇 시간인가?', '오전 7시부터 10시까지 3시간 동안 7시간분의 성과를 낼 수는 없는가?', '집안일은 꼭 내가 해야 하는가?', '타인에게 부탁하거나 기계로 대신할 수 없는가?' 등을 다시 생각해야 한다.

이때 193쪽과 같이 자신의 이상적인 시간표를 그려 보면 내가 정말 원하는 일, 즉 지향점을 알 수 있다. '아! 이렇게 되면 정말 원이 없겠다!'라고 생각하는, 설레어서 당장 실천하고 싶어지는 일일 시간표를 만들어 보자.

단, 현실에 얽매이지 않은 이상적인 시간표를 먼저 짜는 것이 핵심이다. 현실의 벽에 부딪혀 자신의 이상을 실현하지 못하는 경우가 많기 때문이다. '이렇게 해야 된다', '저렇게 해야 된다'라는 외부의 시선이 아닌, 내가 좋아하고 내 기분이 좋아지는 것이 가장 중요하다.

어디까지나 이상이므로 '현재 근무 시간이 오전 9시부터 오후 5시까지'라고 해서 그 시간을 의식할 필요는 없다. '현재 근무 시간이 오전 9시부터 오후 9시까지니까 오전 9시부터 오후 5시까지로 하면 이상적이겠지'가 아니라 '이렇게 일하면 매일매일이 신날 거야!'라고 생각하는 시간표를 만드는 것이다. 오전 7시부터 10시까지 3시간만 일하는 것으로 해도 상관없다. 먼저 자신이 원하는 이미지를 마음껏 펼쳐 보자.

하지만 아무리 이렇게 강조해도 인간은 습관의 노예라서 처음에는 평소 스케줄과 비슷하게 짜기 마련이다. '사실 쾌적한 집에서 재택근무를 하는 게 최고지!'라고 생각하면서도 자기도 모르게 출퇴근 시간으로 1시간을 잡는 것이다. 그러한 버릇을 의식적으로 없애는 것이 중요하다.

이상적인 시간표가 완성되었다고 해서 내일 당장 3시간만 일하기가 실현되는 것은 아니다. 하지만 그렇게 일하는 사람이 정말 있는지, 어떻게 하면 되는지 알아보는 것은 오늘부터 시작할

평일의 이상적인 시간표

휴일의 이상적인 시간표

수 있다. 그 과정에서 실현 불가능하다는 고정관념이 '이상적으로 일할 방법이 있다'라는 생각으로 서서히 바뀌어 간다.

이상적인 시간표를 그려 보면 'Have to'(해야 하는 것)가 아닌 'Want'(하고 싶은 것), 즉 꿈을 실현하는 데 필요한 씨앗 심기를 알 수 있다. 씨앗 심기를 파악한 후에는 나보다 먼저 그 길을 간 사람에 대해 조사하는 등 행동으로 옮기는 일만 남는다.

앞의 그림은 예전에 내가 만든 이상적인 시간표다. 나는 이 시간표를 통해 사람을 만나는 것보다 혼자 생각하며 작업하는 것을 선호하는Want 성향임을 새삼 깨달았다. 지금은 상당 부분 내가 디자인한 대로 시간을 운용할 수 있다.

현재의 시간 운용 방식을 재검토해라

이상적인 시간표를 디자인한 후에는 자신의 현상을 정확히 파악하자. 이번에도 '현상 파악 → 이상 디자인'의 순서가 아니라 '이상 디자인 → 현상 파악'의 순서로 진행하는 것이 핵심이다. 반대로 하면 나도 모르게 'Have to'에 끌리게 되므로 주의하자. 먼저 '이상적인 예정'을 짠 다음 실제로는 어떻게 됐는지 비교한다. 예정을 짠 것만으로도 성공한 기분이 드는 자신, 그리

고 실제로는 성공하지 못한 자신을 비교해 보는 것이다. 이때
아웃룩처럼 회사에서 주로 사용하는 일정 관리 프로그램을 사
용하면 편리하다. 예정 스케줄과 실제 스케줄을 함께 기입하여
이른바 비교표로 활용하는 것이다.

일반적으로 회사에서 사용하는 일정 관리 프로그램에는 다음
과 같이 '타인과 함께 하는 일정'을 넣는다.

- 10:00~11:00 정례 회의
- 12:00~13:00 점심 식사(A씨)

거기에 더해 197쪽 표와 같이 내가 어떤 일에 얼마나 시간을
할애하는지 그때그때 기입하여 검증해 보자.

- 9:00~9:15 메일 확인
- 9:15~9:30 B씨와 통화
- 9:30~10:00 정례 회의 과제 검토
- 10:00~11:00 정례 회의
  (정례 회의 내용)
- 10:00~10:05 의제 확인

- 10:05~10:40 대처 방안 논의
- 10:40~11:00 다음 의제 설정
- 11:00~11:30 회의록 작성
- 11:30~12:00 견적서 작성
- 12:00~13:00 점심 식사(A씨)
- 13:00~13:30 메일 확인
- 13:30~16:00 기획 회의 자료 작성

   …

벌써 귀찮다는 생각이 들지도 모르겠다. 그렇다, 분명 귀찮은 작업이다. 그래도 꼭 참고 일주일만 실천해 보자. 힘든 만큼 확실한 효과를 볼 수 있다.

자신이 어디에 얼마나 시간을 사용하는지, 생산성이 높은지 낮은지 한눈에 알 수 있어 항상 효율을 의식하는 습관이 생긴다. 일주일 이상 지속하면 작업 견적의 정확도가 높아질 것이다. 이 작업은 밀릴수록 더 하기 싫어진다. 일주일만이라도 그때그때 작업 시간을 측정한다는 각오로 스톱워치를 사용해 도전해 보자.

우리는 일을 하면서도 어디에 얼마나 시간을 들였는지 무관

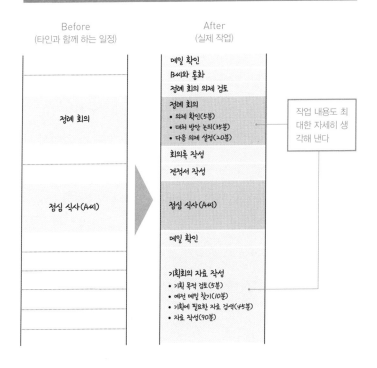

일정표에 실제 결과를 적고 계획을 검증·분석한다

Before
(타인과 함께 하는 일정)

After
(실제 작업)

메일 확인
B씨와 통화
정례 회의 의제 검토

정례 회의
• 의제 확인(5분)
• 대처 방안 논의(35분)
• 다음 의제 설정(20분)

작업 내용도 최대한 자세히 생각해 낸다

회의록 작성
견적서 작성

점심 식사(A씨)

메일 확인

기획회의 자료 작성
• 기획 목적 검토(5분)
• 예전 메일 찾기(10분)
• 기획에 필요한 자료 검색(45분)
• 자료 작성(90분)

정례 회의

점심 식사(A씨)

심할 때가 많다. 따라서 일정표에 '실제 결과'를 적어 두면 계획이 예정대로 되었는지, 무리는 없었는지 검증하고 분석할 수 있다. 먼저 실제 자신과 마주하는 것부터 시작하자.

그런데 왜 혼자 한 작업까지 적어야 하는지 의아한 사람들도 있을 것이다. 일정은 타인하고만 공유하는 것이 아니다. 타인과의 일정을 중시하다 보면 '자신과의 일정'에 소홀해지기 쉽다.

왜 자신과의 약속은 쉽게 무시하는 것일까. 나만 피해를 보기 때문이다. 내 마음이 아프든 말든 남에게만 피해를 안 주면 된다는 생각은 내가 정말 원하는 일이 무엇인지 판단하는 기준마저 흔든다. 또한 차분히 일에 몰두할 수 있는 여유가 없어서 다른 사람에게 짜증을 내게 된다. 머리가 복잡하면 꿈에 대해 생각할 수가 없다. 자신을 위한 시간도 타인과의 약속처럼 소중히 여기자.

일정표에 '실제 결과'를 적어서 예정대로 되었는지, 무리는 없었는지 검증하고 분석해야 하는 이유가 여기에 있다.

시간 관리 앱을 활용한다

작업 시간을 일일이 파악하는 일은 확실히 귀찮다. 그래서 추천하는 앱이 'Toggl'이다(일간 과제 관리와 시간 추적 기능을 지닌 앱 중에서 국내 유저들이 선호하는 앱으로 ATracker도 있다. 작업 시간을 측정할 수 있으며 프로 버전은 유료다—옮긴이). 이 앱을 이용하면 어디에 얼마나 시간을 사용하는지 일목요연하게 알 수 있다. '작업명'을 입력한 후 시작과 종료 버튼만 누르면 작업 시간을 잴 수 있다. 작업 시간과 비효율적인 작업을 가시화하여 효율적인 방법을 모색하고 수면 시간을 확보함으로써 일찍 일어나는 생활을 정착시키자.

세로형 위클리 수첩을 활용한다

직장에서 일정 관리 프로그램을 사용하지 않는다면 세로형 위클리 수첩으로 대체한다. 위클리란 중앙에 점선을 긋고 왼쪽은 목표, 오른쪽은 실제 결과를 적어 예정대로 되었는지 확인한다. 이렇게 하면 목표와 실제의 차이를 가시화할 수 있다. '모닝 루틴 수첩'에도 목표와 실제 결과를 기록하는 공간이 있다.

　예정과 실제의 차이가 너무 크다고 해서 실망할 필요는 없다. 잘 해내지 못한 자신을 직시하기 괴롭겠지만 최대한 객관적으로 파악하려고 노력해 보자. 처음에는 '이거보다는 잘할 수 있을 거라고 생각했는데' 하고 실망할 수도 있다. 하지만 바닥을 치면 올라가는 일만 남는 법이다. 그때부터는 개선 방법을 생각하는 습관이 생길 것이다.

이번 주의 테마

이번 주의 위시 리스트

연락하고 싶은 사람

진행하고 싶은 프로젝트

앞으로 하고 싶은 일

제출할 과제

읽고 싶은 책/자료

	Monday		Tuesday		Wednesday	
	18		**19**		**20**	
	잠들기 전 할 일 목표 · 실행		잠들기 전 할 일 목표 · 실행		잠들기 전 할 일 목표 · 실행	
	기상 시간 목표 · 실행		기상 시간 목표 · 실행		기상 시간 목표 · 실행	
	수면 시간 목표 · 실행		수면 시간 목표 · 실행		수면 시간 목표 · 실행	
	컨디션 Bad 1 2 3 Good 4 5		컨디션 Bad 1 2 3 Good 4 5		컨디션 Bad 1 2 3 Good 4 5	
	오늘의 점수		오늘의 점수		오늘의 점수	

	목표	실행	목표	실행	목표	실행
4:00						
5:00			목표와 실제 결과를 비교한다			
6:00						
7:00						
8:00						
9:00						

일과 종료 목표 시간	일과 종료 목표 시간	일과 종료 목표 시간
취침 목표 시간	취침 목표 시간	취침 목표 시간
아침 3줄 일기	아침 3줄 일기	아침 3줄 일기
획득 포인트	획득 포인트	획득 포인트

도저히 일찍 일어나기 힘들 때를 위한 5가지 팁

거듭 말하지만 일찍 일어나려면 일찍 잠자리에 들어 충분한 수면 시간을 확보하는 수밖에 없다. '언제 자든 일찍 일어나기만 하면 되겠지'라는 생각으로 밤샘을 하면서 억지로 일찍 일어나 봐야 몸만 괴로울 뿐 아무런 이점이 없다. 그렇게 일찍 일어나서 낮의 업무에 지장을 초래한다면 본말전도 아닐까? 충분한 수면 시간을 확보하려면 밤에 여러 가지를 준비해 두는 것이 중요하다. 즉 아침 1시간을 알차게 활용하는 비결은 밤 시간을 보내는 방법에 있다.

물론 야근이나 회식 등의 변수도 있겠지만 조금만 궁리하면 해결할 수 있는 방법이 많다. 몇 가지 유용한 팁을 소개한다.

마일스톤 작전

마일스톤은 '지표'를 뜻한다. 취침 시간에서 역산하여 자기 전에 필요한 작업을 추린다. 가령 밤 11시에 자기로 했다면 늦어도 10시까지는 씻어야 하고 그러려면 9시 30분까지는 집에 와야 한다. 이런 식으로 '취침'을 목표로 역산하여 밤 스케줄을 짜 보자.

수면 스위치 작전

숙면을 취할 수 있는 편안한 환경을 위한 '필살기'를 준비한다. 나는 포장지를 뜯으면 서서히 따뜻해지는 수면 안대를 즐겨 사용한다. 이 안대를 쓰면 기분이 나른해져 바로 잠들 수 있다. 여름에는 시원한 타입도 출시되니 한번 사용해 보기 바란다.

회식 총무 작전

술자리는 편안한 분위기에서 타인과 소통할 수 있는 중요한 기회다. 나만의 시간을 갖기 위해 타인과 어울리지 못한다면 얼마나 아쉽겠는가. 그럴 때는 총무를 자처하는 것도 한 가지 방법이다.

보통 총무가 하는 일은 귀찮고 힘들다고 생각하지만 사실 시간을 가장 자유롭게 쓸 수 있다는 장점이 있다. 내가 원하는 시간으로 분위기를 조성해서 사람들이 자연스럽게 따라오면 집합 시간, 2차 여부, 장소도 전부 마음대로 정할 수 있다. 장소를 집에 가기 편한 곳으로 정하거나 하여 내 사정에 맞출 수 있다는 점이 총무의 매력이다.

회식은 코스 요리 작전

술자리에서 유용한 팁이 또 있다. 모임을 제시간에 끝내고 싶다면 코스 요리를 주문하는 것이다. 단품 메뉴는 주문이 끊이지 않는 한 계속 음식이 나오지만 코스 요리는 대개 2시간 정도면 요리가 다 나오기 때문에 끝나는 시간을 알 수 없는 스트레스가 줄어든다.

휴일 아침 일찍 약속 만들기 작전

모처럼의 휴일, 오후 늦게까지 늦잠을 즐기는 사람이 많을 것이다. 그런데 수면 사이클이 바뀌면 오히려 컨디션이 무너지거나 귀한 휴일을 낭비했다는 죄책감이 들기도 한다.

주말 아침 일찍 예약을 잡으면 이런 일이 없다. 미용실이나 치과처럼 지각하면 업체에 피해가 되는 예약을 일부러 아침 일찍 잡는 것이다. 그 일을 마치고 나면 이후는 자유 시간이다. 휴일을 알차게 보냈다는 만족감은 활기찬 한 주를 시작하는 원동력이 된다.

어제와 다른 내가 되고 싶다면
내일부터 1시간만 일찍 일어나라

나는 이 책을 통해 계획은 '해야 할 일'을 처리하기 위한 것이 아니라 '하고 싶은 일'을 실현하기 위해 존재한다는 점을 말하고 싶었다. 하루하루 바쁘게 살다 보면 내가 하고 싶은 일과 점점 멀어진다. 하루가 해야 할 일로 가득한 탓에 하고 싶은 일이 점점 뒷전으로 밀려나는 것이다.

　인생에서 가장 힘든 것은 자신이 통제할 수 없는 일 때문에 우왕좌왕하는 '수동적' 상태일 것이다. 원하는 일을 스스로 선택하지 못하기 때문에 언제나 헤매게 된다. 바쁜 일상에 쫓겨 열심히 귀 기울여야 할 내 마음의 소리를 외면하지는 않는가. 잡음과 뒤섞여 그 소리가 본심인지 아닌지조차 구분할 수 없는 상황을 개선하고 앞으로 나아가는 시간을 만드는 것이 '아침 1시간 모닝 루틴'의 본질이다.

아침 1시간 모닝 루틴을 완전히 내 것으로 만들면 주어진 업무나 경험 하나하나가 '먹고살기 위한 일'이 아닌, 내 삶을 한 단계 끌어올리는 소중한 경험으로 다가온다. 내 힘으로 주체적인 인생을 만들어 간다고 생각하면 남에게 시간을 빼앗긴다는 생각이 사라지고 인생에 책임을 질 수 있게 된다. 당장은 도전의 결과가 미미할지라도 '최선을 다해 내가 택한 길을 가겠어!'라는 마음가짐으로 돌진할 수 있다.

아침 1시간을 통해 매일 자신의 가치관을 확인하며 삶의 우선순위를 정해 보자. 바쁜 일상을 핑계로 미루어 온 일들을 직시하면 매일 조금씩 잘못된 방향으로 가던 자신의 궤도를 수정하여 앞으로 나아갈 수 있다.

아침 1시간을 통해 인생을 바꾸는 방법론은 여기까지다. 이제 지금의 나를 무기로 바꾸어 원하는 일을 실행하는 것만 남았다. 현실을 타파할 열쇠는 여러분에게 있다. 생각만 바꾸면 개혁에 수반되는 좌절과 실패마저도 그것을 극복하는 과정에서 더욱더 빛을 발할 것이다. 부디 아침 1시간을 알차게 활용하여 누구에게도 양보할 수 없는 가치관을 되찾고 행복한 나날을 보내게 되기를 진심으로 기원한다.

이케다 지에

- 《하드씽》, 벤 호로위츠 지음, 36.5

- 《생각에 관한 생각》, 대니얼 카너먼 지음, 김영사

- 《성공하는 사람들의 7가지 습관》, 스티븐 코비 지음, 김영사

- 《몰입 Flow》, 미하이 칙센트미하이 지음, 한울림

- 《토니 부잔의 마인드맵 북》, 토니 부잔·배리 부잔 지음, 비즈니스맵

- 《아티스트 웨이》, 줄리아 카메론 지음, 경당

- 《굿럭》, 존 크럼볼츠·앨 레빈 지음, 새움

- 《어떤 업무든 '25분+5분' 만에 결과를 내는 포모도로 기법 입문》 どんな仕事も「25分＋5分」で結果が出るポモドーロ·テクニック入門, 프란체스코 시릴로 지음, CCC미디어하우스

- 《WE ARE LONELY, BUT NOT ALONE: 현대의 고독과 지속 가능한 경제권으로서의 커뮤니티》WE ARE LONELY, BUT NOT ALONE. 現代の孤独と持続可能な経済圏としてのコミュニティ, 사도시마 요헤이 지음, 겐토샤

- 《난관을 돌파하는 100% 사고법》壁を打ち破る100％思考法, 마쓰이 히데키 지음, PHP문고

✦

**매일 아침 1시간이
나를 바꾼다**

✦